传统杨氏85式太极拳拳谱

王培昌 著

人民体育出版社

作者简介

王培昌，黑龙江省太极拳名家，历任黑龙江省太极拳协会副会长，黑龙江省杨氏太极拳研究会会长。1939年生于上海，退休前为哈尔滨汽轮机厂高级工程师。幼承家学，十余岁时，始习杨式太极拳械，16岁入上海著名杨式太极拳家董世祚先生门下，系统学习杨式太极拳术。大学毕业后，王培昌由南及北，以武会友，28岁遇陈照奎先生弟子郑明溪学习陈式太极拳新架一、二路，尽得所学。32岁遇吴图南老先生弟子张宇，系统学习吴图南式太极拳、械及杨式小架。曾多次进京拜见吴图南先生，进而承图南先生指授，深得真传。

王培昌潜心研究杨、陈、吴图南式太极拳数十年，勤学不辍、融会贯通，故而功夫纯正，技艺精湛，走架打手卓然大家。性情温和，平易近人，待人和蔼。退休后，于2001年任哈尔滨太极拳协会主教练，致力于太极拳的发展和传播事业，备受海内外弟子及众多拳友的尊重和拥戴。

2003年3月获得哈尔滨太极拳协会颁发的奉献杯奖。

2005年元月派学生6人参加"哈尔滨首届国际冰雪节太极拳邀请赛"，获得6金2银1铜的好成绩。

2006年5月受《中国功夫》杂志社及国际功夫总会的邀请参加"第三届全国太极拳名家研讨会暨首届国际太极拳名家论坛",并在会上与著名太极拳家马虹、傅声远、陈龙骧等共同探讨今后太极拳的发展方向,并作拳架、推手演示,得到一致好评。

2008年5月受香港《中国功夫》杂志社及国际功夫总会的邀请参加2008年永年国际太极拳名家论坛,与太极拳名家互相交流拳艺、体会,并发表论文。

自2001年至今,任历届市、省、国际太极拳邀请赛仲裁之职。

王培昌先后被授予"哈尔滨市著名拳师""哈尔滨市太极拳名家""哈尔滨市老武术家""黑龙江省太极拳名家"称号。

如今,王培昌虽然已过古稀之年,但行拳走架依然步法轻灵敏捷,意劲脆快分明,勾挂弹抖,荡击合一,通体贯穿,丝毫无间,真是无一处不轻灵,无一处不坚韧,无一处不顺遂。每个见识过王培昌太极功夫的人无不对他的技艺叹为观止,而每个与他谈论过太极拳理论的人无不被他独到的见解折服。他在几十年学练和钻研太极拳的过程中总结出了大量功法理论,撰写了十余篇太极拳文章。

自 序

太极拳的历史凡是练拳的均知道,"陈家拳,杨家传",杨家拳出于陈家。自从杨露禅进京授拳定天下至今已有一百多年的历史了。在这一百多年里,太极拳在飞速地发展及演变着。从杨家拳衍生出吴、武、孙等流派。新中国成立以前,在内家拳——太极拳主流派内又分出陈、杨、吴、武、孙五大流派,流行大江南北。

新中国成立以后,太极拳的事业如火如荼地发展起来。伴随着"发展体育运动,增强人民体质"的全民健身行动,国家体委在杨式太极拳的基础上编出24式简化太极拳、88式太极拳和48式太极拳。它们一直为我国人民所喜爱。尤其是,在改革开放的年代里,太极拳作为我国的瑰宝,成为国际文化交流的主要使者。为了让世界各国了解我国的太极文化,了解我国的优秀文化遗产,国家体委在传统拳的基础上,更进一步地创编出太极拳竞赛套路,包括以杨式大架为基础的"42式竞赛太极拳"和陈、杨、吴、武、孙五式竞赛太极拳。通过竞赛、观摩、表演等形式,太极拳进行着广泛的国际交流,并获得了巨大成功。

当今关于太极拳我们可以以新中国成立前、后划一个界限。新中国成立前五大流派为传统太极拳,新中国成立后根据当时形式的需要而重新编制的太极拳为现代太极拳。现代太极拳中还存在着普及套路和竞赛套路。所以我们可以说,当今21世纪的太极拳,是以传统太极拳及现代太极拳两种状况,传统套路、普及套路、竞赛套路三种形式同时存在。

本人幼承家学,十余岁时,始习杨式太极拳械,16岁入上海

传统杨氏85式太极拳拳谱

著名杨式太极拳家董世祚先生门下，系统学习杨式太极拳术。大学毕业后，由南及北，以武会友。

杨式太极宗师杨露禅亲传杨班侯，杨班侯亲传杨少侯，杨少侯亲传吴图南。我在以武会友的路途上，遇到吴图南老先生弟子张宇，系统学习了吴图南式太极拳、械及杨式小架，曾多次进京拜见吴图南先生，进而承图南先生指授，深得真传。

杨式太极拳以口口相传为主，以文字形式留下的拳架以杨露禅嫡孙杨澄甫先生所著最为正宗。杨澄甫先生于1934年2月在上海大东书局出版了《太极拳体用全书》，此书成为习练杨式太极拳的正宗蓝本。这本书提出了太极拳的"十三要"："太极拳要点，凡十有三。曰：沉肩坠肘，含胸拔背，气沉丹田，虚灵顶劲，松腰胯，分虚实，上下相随，用意不用力，内外相合，意气相连，动中求静，动静合一，式式均匀。此十三点，凡一动作，皆要注意，不可无一式中而无此十三要点之观念，缺一不可。学者希留意参合也。"

杨澄甫传人陈微明在整理诠释杨澄甫的这"十三要"时精简为"十要"，即："虚灵顶劲、含胸拔背、松腰、分虚实、沉肩坠肘、用意不用力、上下相随、内外相合、相连不断、动中求静。"这太极拳的"十要"很重要，只有把这"十要"练好了，拳打出来才会有板有眼，拳味也会出来。

杨式大架共有85个名称，俗称85式，里面不重式37个。本书的拳谱即为杨式大架之描述，目的是让读者了解杨式太极拳的要点。现在大家练拳，大多是集体练习，几个打得比较好的排在头前，后面跟了一大批人，我们称群练。群练在初学时是好的，大家在一起可以相互启发、相互帮助、相互提醒，形成一种氛围，但练到一定时候就深入不下去了，我们称之为"随帮唱影"。所以说要想深入下去，就应该一个人自己练，这样才能在静中妙悟拳理，不断进步，真正体验出拳味来。这本书就是要帮助那些想自己练的人来参悟杨式太极拳的动作要领。

　　我已七十有六，才出这本书，也是一种机缘。2013年，方滨兴、许进、褚诚缘、李凤华、金舒原等人来跟我学拳。他们大都在五十岁上下，没有任何拳脚基础，完全是为了健体。他们都是来自我国顶尖高等院校、科研院所的高级知识分子，在他们自己的学术领域中都具有很高的学术地位。他们是我今生中头一次遇到的特别学生，我也是破天荒收下了他们，因为没有任何武术基础的人原则上45岁以上就不宜再传授传统太极拳了。由于他们学问高的原因，尽管他们的腿脚并不能达到很好的练习要求，但他们拿出做学问的钻研精神来细琢每一个动作要领，并追求着知其然，知其所以然。这时他们提出我所传授的传统杨式太极拳仅仅是口口相传，应该写一本能让练习者反复研琢的拳谱。他们鼓励我尽快出一本既能够朗朗上口、又能够反映出杨式太极拳内涵的书籍，以飨读者。在他们的帮助下，我花了一年多的时间写出了这本传统杨氏太极拳拳谱，并在每个招式描述中配上了由我亲自演练的招式图。他们为我捉笔润色，使得这本拳谱变得合辙押韵、便于记忆以至易于背诵了。

　　在此，我对他们表示诚挚的谢意！

王培昌

2015年1月于哈尔滨

前　言

本书是经过常年的师徒传授和不断的拳法演练，最终凝练而成为传统杨氏85式太极拳拳谱。

本拳谱对招式的描述比较细腻，对杨氏85式太极拳的每一式的动作过程，都做了极为细致的阐述。力求对眼、腰、脊、头、手、指、腕、肘、臂、裆、髋、胯、腿、脚等的运动细节有所交待。本拳谱采取7字律体格式，合辙押韵，朗朗上口，不仅对每一招式的运劲、身体各部位的位置、整体形态做了描述，还尽量包含了对发力方法、攻敌目的或攻敌效果的论述。

由于诗句体格式描述能力的限制，看起来好几句来表达的动作，大多数是一次就完成了的。这是因为太极拳要求的是"上下相随"，使得在描述时需要分解说明，但在动作中却是全身同时运动。因此，完全靠本书来自学还是比较难参悟透的，应该先由师傅传授，然后再看本书以为参悟，这样更为合适。

"序"的部分还原了"太极拳十三要"的内涵，这一点很少有书论述过，因为人们更多的是论述"太极拳十要"，既然我们认可杨澄甫的《太极拳体用全书》是杨式太极拳的正宗蓝本，那么将其所提出的"太极拳十三要"介绍给读者还是非常必要的。另外，在"序"中还提及了人们普遍认同的十个诀窍，以及对身法的基本要求。

在85式大架中，由于不重式的只有37个，大多数招式属于重复出现，因此本拳谱对于相同的招式不是简单重复前面描述过的内容，而是尽量去表述相同招式中的各个不同的细节。例如"揽雀尾"及"上步揽雀尾",分别出现在第 3、26、50、53、68 和 75 式,均有不尽相同的描述方法。这些对相同的招式采取不尽相同的论述模式,不但可以帮助练习者掌握这些拳式的打法,更进一步的,可以帮助练习者融会贯通。如果读者把对所有相同的招式的描述放到一起,就可以看到更为丰富完整的招式描述。因此,虽是同一招式,却有"横看成岭侧成峰,远近高低各不同的"感受,进而便于理解到每一拳式的丰富内涵。

　　同样,在配图中,一般一个招式在第一次出现时,所配的图主要是该招式转换过程中的"中定"姿势,就是俗话说的亮相(如进步搬拦捶);但在招式重复出现时,所配的图大多是中间的变化过程。因此,如果将一个招式的所有配图都放到一起(如蹬脚),就可以看出一些招式的中间动作过程。甚至可以将招式图重新排序,可以形成更为连续、细腻的动作图(如单鞭)。

　　在"结语"里面,着重对太极的基本原理和重要的手势进行了全面总结和阐述。包括对"八门五步"十三式的要点作了总结,阐述了"掤、捋、挤、按","采、挒、肘、靠"和"进、退、顾、盼、定"的基本原理和方法;描述了"头、眼、颈、肩、胸、肘、腰、胯"的基本要点;介绍了人们常听说的几种劲。

　　本拳谱是以"安(an)"音为韵尾,便于上口,年轻人若要背诵也会比较容易。

目 录

开篇 ………………………………………………（1）

第一式　预备势 …………………………………（7）
第二式　起势 ……………………………………（7）
第三式　揽雀尾 …………………………………（7）
第四式　单鞭 ……………………………………（9）
第五式　提手上势 ………………………………（11）
第六式　白鹤亮翅 ………………………………（12）
第七式　左搂膝拗步 ……………………………（13）
第八式　手挥琵琶 ………………………………（14）
第九式　左右搂膝拗步 …………………………（15）
第十式　手挥琵琶 ………………………………（16）
第十一式　左搂膝拗步 …………………………（16）
第十二式　进步搬拦捶 …………………………（17）
第十三式　如封似闭 ……………………………（18）
第十四式　十字手 ………………………………（19）
第十五式　抱虎归山 ……………………………（20）
第十六式　肘底看捶 ……………………………（22）
第十七式　左右倒撵猴 …………………………（23）
第十八式　斜飞势 ………………………………（24）
第十九式　提手上势 ……………………………（25）
第二十式　白鹤亮翅 ……………………………（25）

1

第二十一式　左搂膝拗步 …………………… (26)

第二十二式　海底针 ………………………… (27)

第二十三式　扇通背 ………………………… (27)

第二十四式　撇身捶 ………………………… (28)

第二十五式　进步搬拦捶 …………………… (29)

第二十六式　上步揽雀尾 …………………… (30)

第二十七式　单鞭 …………………………… (31)

第二十八式　云手 …………………………… (32)

第二十九式　单鞭 …………………………… (33)

第三十式　高探马 …………………………… (34)

第三十一式　左右分脚 ……………………… (35)

第三十二式　转身蹬脚 ……………………… (36)

第三十三式　左右搂膝拗步 ………………… (37)

第三十四式　进步栽捶 ……………………… (38)

第三十五式　翻身撇身捶 …………………… (38)

第三十六式　进步搬拦捶 …………………… (39)

第三十七式　右蹬脚 ………………………… (39)

第三十八式　左打虎势 ……………………… (40)

第三十九式　右打虎势 ……………………… (41)

第四十式　回身右蹬脚 ……………………… (42)

第四十一式　双峰贯耳 ……………………… (42)

第四十二式　左蹬脚 ………………………… (43)

第四十三式　转身右蹬脚 …………………… (44)

第四十四式　进步搬拦捶 …………………… (44)

第四十五式　如封似闭 ……………………… (45)

第四十六式　十字手 ………………………… (46)

第四十七式　抱虎归山 ……………………… (46)

第四十八式　斜单鞭 ………………………… (47)

第四十九式　野马分鬃	(48)
第五十式　揽雀尾	(49)
第五十一式　单鞭	(50)
第五十二式　玉女穿梭	(51)
第五十三式　揽雀尾	(53)
第五十四式　单鞭	(53)
第五十五式　云手	(54)
第五十六式　单鞭	(55)
第五十七式　下势	(56)
第五十八式　金鸡独立	(56)
第五十九式　左右倒撵猴	(57)
第六十式　斜飞势	(58)
第六十一式　提手上势	(59)
第六十二式　白鹤亮翅	(59)
第六十三式　左搂膝拗步	(60)
第六十四式　海底针	(60)
第六十五式　扇通背	(61)
第六十六式　转身白蛇吐信	(61)
第六十七式　进步搬拦捶	(62)
第六十八式　上步揽雀尾	(63)
第六十九式　单鞭	(63)
第七十式　云手	(64)
第七十一式　单鞭	(65)
第七十二式　高探马带穿掌	(65)
第七十三式　十字腿	(66)
第七十四式　进步指裆捶	(67)
第七十五式　上步揽雀尾	(68)
第七十六式　单鞭	(68)

3

第七十七式　下势 …………………………………（69）
第七十八式　上步七星 ………………………………（69）
第七十九式　退步跨虎 ………………………………（70）
第八十式　转身摆莲 …………………………………（71）
第八十一式　弯弓射虎 ………………………………（72）
第八十二式　进步搬拦捶 ……………………………（73）
第八十三式　如封似闭 ………………………………（74）
第八十四式　十字手 …………………………………（75）
第八十五式　收势 ……………………………………（75）

结语 ……………………………………………………（76）

附文

太极内功的修炼及其方法 …………………………………（85）
太极拳与揽雀尾 ……………………………………………（90）
我学习杨式小架太极拳的经过 ……………………………（93）
谈谈太极推手 ………………………………………………（95）
杨式小架太极拳答问 ………………………………………(108)
德艺风范泽后人
　　——忆在恩师董世祚先生身边学拳的日子 …………(113)
深深怀念的岁月
　　——纪念吴式太极拳名家刘汉三先生诞辰110周年
　　…………………………………………………………(115)
挥之不去的情结
　　——吴图南先生弟子张宇在哈尔滨传拳记及缅怀马有清先生
　　…………………………………………………………(121)

开 篇

太极要领有十三，基本拳理融其间；
行功走架靠拳理，拳味伴随佳境现。
十三要领有板眼，习练拳法记心间；
所有招式均参合，从一而终贯此念。

虚灵顶劲提精神，头项竖直神顶贯；
舌顶上腭下颌收，领起全身意自然。
筋骨要松皮毛攻①，节节贯串虚灵现；
尾闾正中神贯顶，满身轻利顶头悬②。

含胸拔背为化发，胸略内涵背肩圆；
胸忌挺出气涌胸，上重必会跟浮显。
气敛入骨脊发力，气贴于背拔背现；
蓄势待机提精神，腹内松静气腾然。

气沉丹田守腹肾，行拳气通重心坚；
腹收吸气逆呼吸，膈肌运动内沉现。
下实上虚自轻灵，裹裆护肫周转便；
丹田为总运四肢，以气周流百骸遍。

---

① 皮毛攻：毛为血梢，皮毛要攻，是指气达外表、末梢的意思，但仍以松柔为核心。
② 顶头悬：即虚灵顶劲。顶为头顶，头宜正直，头顶上的劲需虚虚地领起，不能起强劲，若起强劲，头顶就失去机灵之灵气。

传统杨氏85式太极拳拳谱

腰胯放松添足力,腰腿意在稳下盘;
腰为主宰领太极,虚实变化凭腰转。
腰松利气上下行,腰部若紧传递断;
命意源头在腰隙,不得力处腰腿检。

虚实分明虚非空,上柳下松①稳如磐;
虚实柔刚变不停,开合虚实即为拳。
处处皆有虚实在,上下前后左右然;
变换虚实须留意,虚实能分轻灵转。

沉肩坠肘防断劲,肩骨松开忌上翻;
架肩内气难传导,肘坠助按放人远。
沉肩坠肘势相关,肘不下垂难沉肩;
胸部放松气平沉,沉肩藏招轻灵变。

太极**用意不用力**,精神意念融于拳;
全身松开无拙劲,气血流注日日贯。
意在蓄神不在气,在气则滞僵力显;
势势存心揆用意,曲中有直在走黏。

上下相随发劲整,内外三合②对话先;
发腿宰腰形手指,身在眼后心在先。
腰为中心体随动,全身同步形不变;
意念轻灵体不僵,意动身动协调转。

---

①柳指柳树,松指松树。
②内三合:心与意合,意与气合,气与力合;外三合:肩与胯合,肘与膝合,手与脚合。

内外相合练形神，虚实开合浑无间；
手足心意俱开合，精神提得动轻便。
内有意念精气神，外有形态时空现；
内本外导互沟通，内外统一动衡现。

相连不断意领气，心到形随动随现；
意到气到劲随到，全身受命心主拳。
运劲恰如抽茧丝，用意运劲绵不断；
劲断意在一气成，意断神在环无端。

动中有静呼吸长，以静御动气不喘；
身动心平静如水，气沉丹田无弊端。
静中触动动犹静，因敌变化神奇显；
屈腿落胯身中正，缓应急随理惟贯。

动静合一源无极，动分静合屈伸现；
内固精神外示逸，内外静动相对言。
动则俱动动为开，开中寓合在连贯；
静则俱静静为合，合中寓开神安然。

式式均匀贵有常，轻重宏细匀为先；
迈步灵如猫前行，运劲抽丝绵不断。
高低疾徐要平稳，上下俯仰均匀现；
伸缩有度求缓和，行云流水中正显。

太极拳理博精深，十个诀窍参照先；
先有**松静通正稳**，再有**合连柔匀圆**。
足起腿发腰胯宰，力形手前过脊肩；
心令气旗神主帅①，腰为驱使协调显。

松在用意不用力，心意神体松自然；
四肢百骸节节松，五脏六腑亦包含。
松中有紧紧不僵，松而不懈刚柔现；
动有虚实动松柔，由松而整松而坚。

静在意念要贯注，静以待动我壁坚；
外静排除各干扰，神不外驰视不见。
内静神气要内守，意气力合气势现；
心意神静求恬然，心不静则拳不专。

通在气行无滞处，心意神身均通遍；
五脏六腑无不通，四肢百体通为先。
以心行意心主导，以意导气意在先；
以气运身务顺遂，屈伸开合听自然。

正在含胸虚顶悬，左摇右摆不可现；
头脖腰身尾闾正，不撅不突臀内敛。
会阴上提抽拔意，命门着力后弓现；
气遍身躯不少滞，中正不偏撑八面。

---

①心为令，气为旗，神为主帅。

稳在腰身要正直，松腰活胯裆灵变；
稳在脚跟虚实分，腹实腿曲固底盘。
沉着松静非漂浮，源在腰隙意腰间；
足如钉地不可移，力在腰裆来变换。

合在全身要协调，开合自然流畅现；
上下相合左右随，内外相应互通先。
肩胯肘膝手足合，心意气力合之间；
手眼身法步要合，神形意气功合全。

连在贯穿为一气，自始至终绵不断；
立身中正显安舒，以腰为轴流水现。
走黏相济连不断，蓄发相合断复连；
势断劲在周复始，劲断意在势相连。

柔在屈伸轻灵缓，从容安舒柔合现；
柔而不软刚不硬，掤①而不架松不散。
动如绵中裹钢鞭，柔韧合一柔非软；
柔中有刚攻不破，刚中无柔不为坚。

---

①掤（péng）：以手架棚。原字音"冰（bīng）"，古指箭筒盖子。后被太极人士借用以取代"棚"字。这是因"掤"有提手旁，比木字旁的"棚"更能反映太极拳中的动作，从而取"掤"作为太极拳专用字，但仍然发音为"棚（péng）"。"掤"字在杨澄甫先生1934年所著的《太极拳体用全书第一集》（中华书局出版）中已经开始使用，后太极人士普遍用"掤"取代"棚"字。

匀在招式要流畅，思绪贯注无杂念；
气沉丹田要意守，动静相间匀速现。
疾徐从心不急躁，防止速度快慢变；
更忌快突与断劲，全身和谐细致现。

圆在阴阳互包容，内外协调动静圆；
肢圆体活行十三①，身眼步裆均现圆。
转腰带胯圆形动，伸手出脚圆弧线；
圆要展开亦紧凑，圆要柔和来旋转。

---

①行十三：指运用八法五步。

第一式　预备势

预备势来始练拳，神意内敛虚静现；
虚灵顶劲体安舒，含胸拔背平视南。
沉肩松腰尾闾正，双脚平行肩距宽；
膝肘略曲臂分垂，调整气息预备练。

第二式　起　势

起势两臂掤平举，手指微张腕领先；
肘领前臂复下落，肩松臂圆塌手腕。
沉肩屈肘意注掌，双指相随胯前按；
内外合一松腰胯，起势开门杨氏判。

第三式　揽雀尾

揽雀尾势最核心，掤捋挤按四正显；
双臂前举双腿屈，臂微摆左平同肩。
右跟为轴腰右转，左脚随带点肩宽；
右实左虚圆撑裆，右臂随腰折胸前。

左手下旋腹前收，双手抱球在胸前；
左足左跨尖西南，左臂拒敌掤向南。
臂抬肩高似抱球，右手下采体侧按；
左弓右蹬左掤撑，双手相合同平面。

右掤向前护右肋，右脚随带点右前；
右手上抄左翻折，双手交合在胸前。
右胯下沉提脚迈，右臂前掤弓步前；
左掌侧内追右腕，掌腕有隙双臂圆。

捋势引敌劲落空，右掌前展左掌翻；
掌心错对拇朝上，右托敌肘左黏腕。
重心后移坐左腿，腰带胯转臂随旋；
双手左捋侧引化，手划平圆摆向南。

挤势夺劲合即出，左掌旋翻贴右腕；
转腰坐腿面向西，胸前交叉护中线。
后手发力向前挤，伸腰长往沉肘肩；
眼神上送走横劲，前弓后绷双臂圆。

按势先引后反击，双掌下翻平抹现；
双手如抱上半球，腰带手抽回胸前。
坠肘坐腿下落胯，坐腕下沉小腹前；
腰领掌按弓步生，立圆推掌髋行圆。

第四式　单　鞭

单鞭防范两面敌，双臂横摆如扬鞭；
防左同时护右侧，勾手攻颈敌难前。
双臂平伸肘微曲，双手放平掌随眼；
右脚内扣尖微翘，右跟为轴腰左转。

腰领臂旋至东南，右实左虚眼东看；
左足随收左侧点，右脚东南裆撑圆。
双臂内折指相对，腰带胯动复右转；
沉肩坠肘臂走圆，左手追右近右腕。

右手过胸成勾手，提劲卷劲勾中含；
以腰带臂劲发指，继骨节而手背前。
如此似轮在转动，劲道向下并向前；
击胸击颈伺机来，一招制敌慎施展。

臂转西南左随右，左手回掤右臂展；
左足东迈跟先落，左手随走随外翻。
腰复左转身朝东，右脚内扣指东南；
前弓后绷眼平视，左手坐腕推向前。

第五式　提手上势

提手上势把招封，气发脚跟劲到腕；
重心右移身右转，掌平勾展眼右看。
腰带左足微内扣，双掌斜下双臂圆；
重心复向左腿转，右足提起半步前。

左胯下沉左腿屈，右跟点地尖虚悬；
以肩带肘肘带手，手心相向移胸前。
两膊相系如苍龙，左手放在右肘边；
两手相互向内提，松肩垂肘稳底盘。

含胸拔背能蓄势，两手挤扣敌肘腕；
左手分敌来攻手，右手上提过胸前。
左实右虚看右手，上势击敌合劲现；
形合心合左右合，左截右挤敌肘掀。

第六式　白鹤亮翅

白鹤亮翅步丁虚，上架下采敌力散；
即引即攻快如风，右脚原地尖跟换。
腰轮平转脊中正，腰带手落右脚点；
右手随按而下松，左手粘采敌左拳。

双手下捋走弧线，身随脚点正东转；
左臂展尽内翻折，双手相合抱球现。
气沉丹田腹下沉，右跟随落指东南；
重心转右腰胯降，左腿提起半步点。

右手腹前外翻掌，右臂外旋上掤现；
右掌随架至额角，击敌太阳掌朝前。
左臂下采过胸腹，胯边下按指朝前；
双手相合同平面，恰如白鹤亮翅展。

传统杨氏85式太极拳拳谱

第七式　左搂膝拗步

搂膝拗步护左侧，中位出击下位拦；
坐腿转腰身转左，眼领腰动向左看。
左手翻掌向后摆，手指斜下掌朝前；
右手反掌向内落，过胸至腹走半圆。

右胯下沉腰右转，坐右裆圆身东南；
左手反掌提到胸，过胸下摆护腹前。
右手弧形向后拉，虎口斜上展西南；
右臂折手至耳旁，虎口朝内掌朝前。

眼领腰转手随腰，松肩腰宰身回旋；
左跟前落重心移，前弓后绷拗步现。
左手向外搂敌脚，手指朝前胯旁按；
右跟发力掌前推，右手拇指对鼻尖。

第八式　手挥琵琶

手挥琵琶破擒拿，贴身逼近横肘现；
右掌续推重心移，右脚随带半步前。
右足平落坐右腿，右脚支撑指东南；
提起左脚腰胯沉，左跟落地脚尖悬。

腰劲向右带右肩，肩肘带手右掌翻；
左手提手接敌肘，右手下采敌腕缠。
静待机势用采挒，左托敌肘右压腕；
两手收合挥琵琶，两掌相错撅劲现。

第九式　左右搂膝拗步

搂膝拗步左右来，左顾右盼手随眼；
虚实在腰连环击，坐右转腰左脚点。
右手翻掌西南展，左手过胸收腹前；
右手折臂左脚迈，左搂右推弓步前。

左脚实撇腰左转，右脚随点右肩前；
左实右虚裆圆撑，右手收腹左翻展。
左手翻折至耳旁，右脚猫行跟落先；
右手搂膝到胯旁，左手立掌当胸按。

右脚实撇身平移，左脚前点中定现；
腰带右手向后挥，左手下摆腹裆间。
伸脚折臂又一回，弓步搂膝掌推前；
换步前移胯要沉，上下相随意向前。

第十式　手挥琵琶

手挥琵琶穿化精，穿缠粘化借力显；
右脚随带复坐右，左足虚点脚尖悬。
右拉左提双手动，上下相合左胸前；
左压敌肘右扣腕，手弹琵琶眼平看。

第十一式　左搂膝拗步

搂膝拗步防下盘，肘外须防敌推按；
左跟提起足尖点，坐右圆裆腰右转。
右手后拉走弧线，眼领右手奔西南；
气沉丹田右胯沉，左手折臂护腹前。

右手折臂到耳边，左脚随动迈向前；
跟先落地弓步生，拗步搂推腰领衔。
左手搂膝到胯旁，右手前推眼视前；
拗步双脚不同线，两线平行一肩宽。

第十二式　进步搬拦捶

搬拦捶势要进步，搬拦势合化敌拳；
左足实撇指东北，腰领胯随左拗转。
左掌外翻向左展，右脚前点裆撑圆；
右手俯腕随下挥，划至左肋掌变拳。

腰领胯动复转右，左掌右拳抡向前；
右足随提脚外撇，全脚前落指东南。
腰带右拳旋下搬，右肘为轴格敌腕；
左掌前劈切敌肘，挥掌侧压劈掌现。

掌心朝右拇指上，拳心朝上伴左腕；
右虚左实三七开，四肢随腰劲连绵。
重心前移提左脚，脚跟前落虚步现；
左掌前拦右拳收，拳心朝内止腰边。

重心前移跟发力，左弓右绷出右拳；
拳由心发腰胯带，当胸击敌立捶现。
左掌缘拳相错收，右前左后手伴腕；
左掌侧立拇向上，紧三捶法连招现。

第十三式　如封似闭

如封似闭护正中，十字封条闭户前；
封使敌手不得进，闭令敌手难逃窜。
左手沿臂往回收，右腋下面仰手穿；
手心缘臂护右肘，肘外粘接敌左腕。

右拳松开怀内抽，双腕相叠斜向前；
左外右内掌向内，双臂斜交十字现。
左掤右抽腰为轴，眼看双掌高齐肩；
重心随手向后移，肘尖垂沉肋不贴。

双胯回抽坐右腿，手收胸前向内翻；
如封化敌随转攻，左弓右绷立腕现。
腰脊领劲向前伸，脊发长劲掌推前；
按敌肘节似闭户，合一劲法击敌前。

第十四式 十字手

十字手意护右侧，臂结十字敌力散；
腰带右胯向右转，左足随腰内扣前。
重心坐右身向南，右臂平肩向外旋；
右胯打开裆圆撑，右臂旋尽双臂展。

重心复移坐左腿，双掌斜下如鹏展；
腿领足收脚掌落，右脚收回肩距宽。
双脚开立双腿屈，虚实有常沉胯先；
双手分开弧形下，上下相随虚实连。

双手下抱腹前合，掌心由上向内转；
左腕内上右外下，双腕交错十字现。
双臂上提与肩平，双掌粘敌双手腕；
劲在虎口略外翻，双臂圆掤护中线。

第十五式　抱虎归山

抱虎归山采挒成，搂膝拗步捋挤按；
双臂前沉原路回，双手下分沉双肩。
重心左移提右脚，右脚右后西北点；
腰向右转左实扣，左手挑掌伸向南。

左脚指西裆圆撑，右手翻掌小腹前；
左手折臂到耳畔，腰带身随西北转。
右脚上步跟先落，右手接敌沉胯肩；
前弓后绷左掌击，右手格敌胯边按。

右掌前扬意抱虎，生成捋手使归山；
重心后移坐左腿，双手平捋向左旋。
腰带胯转身左转，手随腰旋走弧线；
捋始眼神视右手，捋终眼向左手看。

左手扣臂腰右转，坐腿交腕在胸前；
左掌发力挤右腕，前弓后绷臂撑圆。
手心向下掌分开，手心圆对抽胸前；
坐腿双手腹前沉，弓步立掌下圆按。

第十六式　肘底看捶

肘底看捶护中手，左防右突三连环；
转身势如单鞭手，肘底藏捶破敌拳。
右跟为轴身转南，腰领臂抹向左旋；
右脚随腰实内扣，左脚东侧半步点。

腰带身体续左转，右脚续扣裆撑圆；
左肘下沉臂内折，腰带胯转复右旋。
双手指对胸前划，右肘横劲护右边；
头随右肘眼看西，重心坐右身朝南。

左脚东迈跟落地，腰领左转右臂展；
左跟右腕一线连，双臂随腰向东旋。
面东左掌侧立掤，右手捌抓右额边；
重心转左胯下沉，右脚随提身右点。

右掌横击敌太阳，右脚南踏侧弓现；
重心在右左脚收，脚跟前落虚步现。
左手侧下摆腹前，劈掌外旋格敌腕；
右手回旋左肘底，捶冲敌肋掌变拳。

第十七式　左右倒撵猴

倒撵猴意防敌缠，坠身退走扳挽现；
右胯下沉稳重心，左脚由跟变尖点。
左手随臂前放平，右拳变掌腰领展；
臂拉西南掌朝上，腰带肢动连不断。

左脚提起弧形撤，脚指东北尖落先；
重心后移坐左腿，右跟为轴尖正旋。
右臂折对左肩窝，左掌上翻采敌腕；
左掌后撤落胯旁，右掌前推脱敌腕。

23

坐左沉胯头转前，左肱后卷右脚点；
右脚斜撤尖先落，左尖归正重心转。
右脚撑体指东南，左手折臂右掌翻；
右抽左推掌心错，右掌落胯左击前。

腰胯松开现沉劲，右臂回环左脚点；
左腿后展倒撵猴，坐左右足向正旋。
右手折臂左掌翻，左实右虚右脚点；
左收胯旁右掌击，前扑后抽意气连。

第十八式　斜飞势

斜飞势防敌反推，解套右臂开劲现；
右脚提起向后伸，点在西南腰右转。
左手先展再折翻，双手随转合腹前；
左跟落地重心换，脚指东南身转南。

右脚提起西南进，跟先落地足扣南；
屈膝别脚弓步生，左手采引胯旁按。
右手蓄劲挒西南，掌心斜上斜飞展；
四肢随腰内外合，左跟右掌一线串。

第十九式　提手上势

提手上势提为要，左脚随进跟落先；
右掌微回托敌肘，左手上摆扣敌腕。
重心坐左提右脚，跟落尖悬虚步现；
双手相合右胸前，手臂夹送合劲现。

第二十式　白鹤亮翅

白鹤亮翅势要纵，两臂环击若翅展；
右脚跟提足尖点，双手下捋腰左转。
沉肩坠肘身转东，左手顺展右上翻；
左手展尽折臂扣，双手相合交胸前。

脚指东南右跟落，重心右移向东看；
左脚随沉随提起，脚尖点地半步前。
气沉丹田下沉胯，右臂随旋额角前；
左手下采收胯旁，右掌朝前左坐腕。

第二十一式　左搂膝拗步

搂膝拗步斜中找，胸前一掌雌雄判；
坐腿转腰微向左，左手翻掌向后展。
右手反掌向内落，过胸至腹走半环；
右胯下沉腰右转，左虚右实裆撑圆。

左手上旋再下摆，右手后拉展西南；
眼领腰转手随眼，右臂折手到耳畔。
左脚前迈踏弓步，重心随腰送向前；
左手搂膝按胯旁，右手推掌眼视前。

第二十二式　海底针

海底针要躬身就，折腰堕身脱敌缠；
右掌续推重心移，右脚随带半步前。
右足踏地右胯落，脚掌踏实指东南；
右手回带含缠绕，腰领右转沉劲现。

左手横摆右腹前，右掌朝左收到肩；
左脚虚点左肩前，重心坐右虚步现。
身复左转折腰沉，左手粘黏采胯边；
右手并指随斜插，针刺海底眼领看。

第二十三式　扇通背

扇通背势抗敌力，托架闪展击敌前；
提腰右转裆圆撑，右胯下沉固底盘。
左手划弧收胸前，手随腰转掌向南；
右掌随腰提过肩，蓄发卷放拔背现。

左脚东踏弓步生,右腿随腰伸送前;
左手随腰转坐腕,脊领掌推击敌前。
右掌随腰托翻采,滚架额角掌朝南;
架臂随肩掤劲生,劲力通背臂如扇。

第二十四式　撇身捶

撇身捶打闪化势,筋斗捶法横身前;
坐右腰胯向南转,左足随腰向内旋。
右掌朝下旋腹前,意在肘攻掌变拳;
左掌上摆走上环,与右相合护额前。

右肘受阻向左坐,右脚提起西北点;
脚跟落地腰右转,左脚扣西裆撑圆。
右拳向上圈转撇,以肘为轴撇捶闪;
左掌随腰按胯旁,掌外拳内过胸前。

右腿前送生弓步，跟劲透脊霹雳显；
左掌上提到耳边，腰脊发力掌扑面。
右拳收在右腰旁，拳心朝上眼视前；
右捶左掌连环劈，叠敌随攻击敌面。

第二十五式　进步搬拦捶

搬拦捶势面向西，·搬二拦三捶连；
右拳松开向上扬，手背向上左掌前。
左掌放平向外翻，手心错对阴阳现；
坐左腰转左脚撇，开胯左脚指西南。

双手同步往回带，左转下捋左肋边；
身体转西右脚点，点在肩前裆撑圆。
右变拳提左仰掌，右脚外撇踏向前；
右拳翻腕搬敌拳，左手劈掌阻敌前。

重心前移提左脚，脚跟前落脚尖悬；
左掌拦敌右拳收，拳心朝内止腰边。
重心前移成弓步，面向敌胸击立拳；
左掌收近右前臂，拳由心发眼视前。

第二十六式　上步揽雀尾

揽雀尾势要上步，手似雀尾捋挤按；
左脚实撇移重心，右脚点在右肩前。
左手后拉左胯下，右手变掌收腹前；
双手翻转腹前合，左上右下裆撑圆。

右掤右腿上步迈，腰助弓步臂外旋；
左掌追在右腕后，右臂横劲掤撑圆。
捋手左翻右伸展，右前左后阴阳现；
重心后移腰左转，双手平捋向左旋。

挤势左手折臂扣，右内关穴左掌按；
左掌发力挤右腕，前弓后绷臂掤圆。
按势双掌平抹开，掌抱上球抽胸前；
后掤坐腕先坐腿，弓步腰攻再弧按。

第二十七式　单　鞭

揽雀尾后拉**单鞭**，松肩沉肘挡四面；
双手平带右足扣，右实左虚身东转。
左脚点地左肩前，右脚东南裆撑圆；
双肘下沉双指对，双手右划下半圆。

右手胸前拢勾手，划至西南右臂展；
左掌追右复回掤，左足东踏跟落先。
身随腰转面朝东，左手随拉随外翻；
左弓右绷掌击胸，左推右吊向东看。

第二十八式　云　手

云手捋敌臂接招，双手如轮腰领衔；
腰胯右转坐右腿，左脚内扣指向南。
左手下旋过腹前，掌似拨水腰际转；
腰带胯动向右坐，勾手松开变掌按。

右云到头左云起，重心移左腰宰先；
左右两手上下错，右手向内经腹前。
左手内旋提过肩，掌心向内掤劲显；
双手左荡腰转东，左手随翻眼领看。

头转正东右脚收，双脚平行似肩宽；
左手翻按右内旋，双手上下相行现。
右掤拨云听腰意，左手腹前向右赶；
重心由左移向右，横步蹑行似踩莲。

左脚横迈呈开步，双手相合眼西看；
腰带手摆向左转，重心随腰向左换。
上下两手过颌脐，身体下沉并步站；
手荡至东头转东，腿脚不转腰身转。

云手进入第三步，右脚收并重心换；
右先左后掤挒劲，左逆右顺划双圆。
右云到头左开步，虚实转换手撑圆；
左云到头右并步，如云行空连绵绵。

第二十九式　单　鞭

云手势后拉**单鞭**，右手为勾左似鞭；
重心右移左虚点，腰带臂转眼领看。
右手弧线掤西南，翻腕抓掳勾手变；
左手先下再追右，双臂打开在西南。

左足东迈看左手，跟先落地身东转；
左掌左掤过胸前，勾手平肩西南展。
左手随拉随外翻，右足内扣指东南；
前弓后推重心移，面向正东左掌按。

第三十式　高探马

高探马势有捋采，左叠引进右刺探；
重心后移坐右腿，回头朝向勾手看。
右勾松开腰领劲，腰带臂折过耳畔；
头部随腰转回东，左脚收回身前点。

左手上翻掌朝上，叠劲黏采带敌腕；
右手平掌心朝下，弧形平抹切向前。
右掌先缘左前臂，左掌再缘右肘沿；
平云左引右横切，高探马头锁喉现。

第三十一式 左右分脚

左右分脚手要封，先右后左势相连；
左腿开胯向左踏，脚跟落地重心转。
脚指东北左斜倚，左臂外掤斜弓现；
左手内倾左臂圆，掌心斜上粘敌腕。

右手随抹过左臂，右臂撅敌过左腕；
右掌止在左手前，左中指对右拇尖。
左右掌心相互对，左右手指垂直现；
右脚点地双臂展，双手下抱裆撑圆。

左手先搭右臂内，胸前相合右腿悬；
分脚踢肋朝东南，双掌平撑向右看。
左臂平展朝西北，右臂右腿同平面；
右臂上倾左腿屈，双臂立掌呈半圆。

右分脚后左分脚,招式相同方向反;
右腿右踏指东南,重心右移斜弓现。
右臂折摆掌朝内,左手折回右肩前;
掌缘右臂前平抹,左臂撅敌过右腕。

左右掌心相互对,双臂分开重心变;
左脚点地手下抱,手搭左臂左腿悬。
胸前臂合踢东北,双掌撑开向左看;
左臂左腿同平面,右腿屈沉稳底盘。

第三十二式　转身蹬脚

转身蹬脚腹上占,回身截敌开合间;
左脚收回悬左腿,左脚向下垂足尖。
右腿屈沉底盘稳,右跟为轴脚尖悬;
腰胯领劲向左转,悬腿助力旋半圈。

右脚立定指西北，重心在右身不偏；
双手随转向内收，右上左下合胸前。
左脚正西踹敌腹，劲贯足跟由内换；
立掌相分格敌臂，转身蹬脚打敌援。

第三十三式　左右搂膝拗步

搂膝拗步势连环，推掌发劲击胸前；
左脚落点右肩前，右胯下沉腰胯转。
左掌内旋护腹前，右掌先内后外旋；
眼领右掌展东北，左虚右实裆撑圆。

右手折臂到耳旁，腰复左转脚踏前；
右手立掌当胸推，左手搂膝弓步现。
重心移左右脚点，右手内翻左手展；
点脚折臂左右来，搂膝拗步掌推前。

第三十四式　进步栽捶

进步栽捶迎面冲，守我中土打地拳；
右脚实撇身平移，重心在右腰右转。
右拳提腰左平摆，左腿进步跟落先；
左手搂敌胯旁按，斜下俯击栽捶现。

第三十五式　翻身撇身捶

撇身捶势先翻身，撇身扣叠转压腕；
坐右腰胯向北转，左足随腰向内旋。
右拳外旋回腹前，左掌护额走上环；
右后点脚腰右转，左脚随扣裆撑圆。

腰身转北为翻身，右脚东南足尖悬；
右肘为轴圈撇捶，左掌随腰胯边按。
左掌上提到耳旁，前弓后绷身移前；
右拳收在左肋边，左掌前推击敌面。

第三十六式　进步搬拦捶

进步搬拦捶胸肋，左化右击意领衔；
右手上扬阴阳手，左脚外撇开胯先。
双手下捋收左肋，右掌变拳右脚点；
右腿撤脚半步前，掌格拳搬化敌拳。

左脚上步足跟落，右腿支撑固底盘；
防敌抽臂换脚步，右拳收回左掌拦。
重心前移弓步生，腿催右拳击胸前；
左掌缘臂合右腕，掤收臂前眼平看。

第三十七式　右蹬脚

右蹬脚势踹软肋，分手脚蹬脱敌缠；
左足实撇指东北，左手在上穿右腕。
左右分手侧外捌，重心左移腰左转；
右脚右点中定在，轻粘慢捌裆撑圆。

双手下抄腰胯沉,左手在上合腹前;
臂随身起悬右腿,双腕交叉臂外旋。
右蹬敌肋脚朝东,脚尖向上跟劲现;
右臂展东左西北,双掌侧立眼右看。

第三十八式　左打虎势

左打虎势退为进,引进落空出重拳;
身朝正北右脚落,双脚平行掌落先。
左掌拂面折胸前,右掌朝下略低肩;
重心转右左脚虚,右脚指北屈腿现。

左脚猫行跨西北,指北偏西跟落先;
腰带掌走弧形沉,沉肩垂肘采敌腕。
双手下摆到腹前,双手分开掌变拳;
左弓坐实右腿绷,斜骑马裆背向南。

左拳左外向上翻，转至左侧额角边；
反拳击敌似打虎，拳眼向下眼领拳。
右拳胸前向左采，可攻敌肋可扼腕；
上领下沉身中正，上下拳眼一条线。

第三十九式 右打虎势

右打虎势伏虎精，上打正胸下扼腕；
双拳放空背朝上，双手同在一斜面。
重心右移左脚扣，重心复左腰领转；
腰肢协调走螺旋，双手弧摆身转南。

右脚南迈指南东，手荡腹前掌变拳；
左脚续扣右弓步，左拳击肋扼敌腕。
右拳反搂弧形上，右捶打虎擂反拳；
右拳眼下左拳上，上下拳眼一条线。

第四十式　回身右蹬脚

右蹬脚势要回身，分掌蹬脚向肋踹；
左足外撇北偏东，重心左移腰左转。
腰领回身转东北，右脚点地裆撑圆；
双拳松开侧外捌，捌手分展臂撑圆。

双手下抱腰胯沉，左上右下合腹前；
右腿屈膝往上提，臂随身起外滚翻。
右脚向东蹬敌肋，脚尖朝上跟劲现；
右臂展东左西北，立掌分敌臂撑圆。

第四十一式　双峰贯耳

双峰贯耳双环捶，叠而后贯神通显；
右脚东南半步点，腰带身臂转东南。
左脚随扣指向东，双手掌心向上翻；
双臂内旋叠敌手，手旋胸前掌朝天。

左腿下屈右脚伸，脚跟落地身移前；
沉肘领掌弧形收，手经腰胯掌变拳。
双拳弧形翻向上，拳若双峰朝耳贯；
臂呈钳状虎口对，弓步助拳若风旋。

第四十二式　左蹬脚

左蹬脚势防左侧，以攻代防脚蹬先；
双手变掌向外捌，右足实撇指向南。
左脚前提身侧点，重心前移裆撑圆；
双手下抱腰胯沉，右手在上合腹前。

左腿屈膝跟先提，右撑全身面朝南；
手背黏敌双掌提，交臂圆撑护中线。
左脚东蹬跟劲现，双掌外翻两侧展；
左臂展东右西南，掌立臂圆分敌前。

43

第四十三式　转身右蹬脚

右蹬脚势要转身，回身蹬脚膝骨断；
左脚下收左腿悬，悬腿后摆助力先。
右跟为轴右转身，左脚下垂悬半圈；
左脚踏地掌先落，脚指东北重心换。

右脚点地裆圆撑，手随胯沉合腹前；
左上右下掌朝内，屈腿撑体右腿悬。
臂交胸前外翻展，右脚东蹬敌肋间；
脚尖朝上眼看右，左撑西北右东面。

第四十四式　进步搬拦捶

进步搬拦肋下使，搬压阻拦还击连；
右脚下落肩前点，转势中定裆撑圆。
左手反掌肋边收，右手下摆掌变拳；
右脚撇落指东南，右搬左劈眼看前。

重心坐右伸左脚，脚跟落地虚步现；
腰身右转右拳收，拳眼朝上掌探前。
重心前移成弓步，搬拦化敌捶后连；
眼视胸肋右拳击，左掌侧收小臂边。

第四十五式　如封似闭

如封似闭双按推，先封后闭抗敌前；
左手收回穿右腋，手心向上缘臂前。
坠身脱铐在掌缘，重心后移松右拳；
双腕交叉掌朝内，十字肩平防敌按。

双手分开拇指内，含胸坐胯眼看前；
双掌相对往回收，胸前下落掌转前。
前弓后绷守中击，腰脊领攻眼看远；
自下而上走立圆，坐腕掌按长劲显。

第四十六式　十字手

十字手法变不尽，右提左采靠贴粘；
腰带右胯向右转，重心坐右面向南。
左足随腰内扣南，右臂右旋走平圆；
双手掌心朝斜下，双臂恰如鹏翅展。

重心复移坐左腿，右脚并步掌落先；
双手下抱合于腹，双臂弧提锁骨前。
开成滚化合掤封，腕交十字合劲现；
双胯下沉膝略弯，双臂掤圆护中线。

第四十七式　抱虎归山

抱虎归山防身后，跟推掌横雀尾揽；
双臂回沉胯续落，双臂腹前分两边。
坐左右脚右后点，身带脚扣西北转；
左臂挑掌折耳旁，右手翻掌腰腹间。

右搂左推右脚迈，右掌落胯弓步现；
右手抱虎捋手生，坐腿左捋使归山。
交腕转腰胸前收，弓步前挤臂掤圆；
坐腿双手抽回腹，复又弓步向前按。

第四十八式　斜单鞭

斜走**单鞭**胸膛占，回身提手封招先；
腰身左转臂平抹，右足随转向内旋。
腰带胯转身朝南，左脚收回半步点；
手摆东南收左肋，腰领胯转回西南。

右手腹前成勾手，左手追右走弧线；
双手奔西双臂开，左臂回旋右勾展。
左腿提脚迈斜南，左手坐腕当胸按；
前弓后绷臂若鞭，三尖相照外合三。

第四十九式　野马分鬃

野马分鬃攻腋下，肩打肘靠意在先；
右脚顺势右侧点，左足实扣西偏南。
腰带胯转朝正西，双手回抱合身前；
脚伸西北插敌裆，扣西偏北稳底盘。

左手在上采敌手，右手在下粘敌腕；
右膝前屈别敌腿，左足伸直力传前。
右手前捌插敌腋，左手下采按胯边；
肩臂外靠意惊敌，手脚并用开劲显。

野马分鬃奔向前，重心前移左脚点；
腰带胯转双臂合，左脚前伸落东南。
右上左下手抱球，肩靠手带屈膝前；
左手上捌眼随看，右手下采到胯边。

野马分鬃腋下展，左右交错西行前；
转腰收臂右脚点，右胯托脚伸右前。
两臂交合屈右膝，右挒左采沉劲现；
双手分挒腰主宰，眼领挒手分鬃现。

第五十式　揽雀尾

揽雀尾势推四正，黏连黏随不间断；
左脚侧点右脚扣，双手弧线合胸前。
提脚左迈指西南，下臂随动左掤南；
右手下采身朝西，左弓右蹬手同面。

右脚顺劲身前点，双手交合腰左旋；
腰带右脚踏弓步，左掌在后右掤前。
捋势双手左平摆，右压敌肘左粘腕；
重心后移腰左转，双手肩高捋到南。

挤势左手先折臂，左贴右腕回胸前；
重心前移跟蹬地，力由脊传挤向前。
按势坐腿抽双手，沉肩坠肘手回旋；
沉胯弓步腿先动，坐腕竖掌随腰按。

第五十一式　单　鞭

单鞭一势最称雄，右像弯弓左似箭；
腰随眼转手随腰，右足内扣手平带。
身转偏东收左脚，左脚内侧半步点；
双手内折收左肋，右上左下指相连。

右过胸前五指拢，勾手续行西南展；
左追右腕再左拉，提起左脚腰东转。
左足东迈跟先落，左手随拉随外翻；
面东弓步前推掌，右手如勾左似鞭。

第五十二式　玉女穿梭

玉女穿梭走四象，掤推应对四隅险；
重心右坐左足扣，腰带胯转朝西南。
头向右转看勾手，左手回旋过腹前；
重心换左右脚提，脚尖朝西踏右前。

右勾变掌收胸前，立掌拇指对中脘；
左臂续提胸前横，左臂右掌垂直现。
坐右左脚西南迈，重心前移弓步现；
左手滚架掌朝外，跟助右掌击胸前。

坐右扣左腰右转，双臂随腰上下换；
右臂前上掌后下，臂掌十字交叉现。
重心复向左腿坐，右脚右后点东南；
身随拗转带臂掌，左脚随扣裆撑圆。

51

面向东南右脚迈，弓步身移面东南；
沉肩垂肘眼平视，右臂上掤左推前。
掤手护额眼平视，左脚顺势向前点；
稳住重心坐右腿，腰带身向东北转。

臂手随腰上下换，右变立掌左横展；
左脚东北踏弓步，左臂滚架右推前。
坐右扣左腰转南，双手随腰上下换；
右臂前上横封路，左手立掌后下边。

重心复向左腿坐，右脚右后西北点；
臂掌随腰侧平转，左脚再扣裆撑圆。
左脚指西面西北，右脚弓步踏向前；
左掌前推右臂掤，势如穿梭招势连。

第五十三式 揽雀尾

揽雀尾势妙难言，上掤下按随时变；
左脚侧点右脚扣，双手抱球裆撑圆。
坐右提脚向左迈，左弓右蹬重心变；
打开双臂横劲出，左掤右采向西看。

右脚前点腰左旋，双手交合右掤前；
将手须摆阴阳掌，恰似雀尾随黏连。
转腰交腕胸前收，弓步伸腰挤向前；
双手向内坐腿收，腰带腿劲弓步按。

第五十四式 单 鞭

单鞭一击追人魂，左顾右盼迎头干；
两臂平伸与肩高，右足随转向内旋。
重心在右腰领劲，双臂随腰左平转；
左脚收回点内侧，重心在右裆撑圆。

腰复南转手指对，右上左下走下环；
手随腰动右指拢，勾手自胸击西南。
左掌随腰左拉鞭，转身迈腿跟落先；
左掌随拉随外翻，面东弓步立掌按。

第五十五式 云 手

云手三进臂上攻，开步并步换手先；
身向右坐左脚扣，眼领腰身向右转。
左手下旋经腹前，旋至西侧往上带；
勾手变掌内翻降，右侧手合转左旋。

双手随腰向左荡，下护腹裆上胸肩；
重心在左摆到东，左掌翻下高比肩。
云毕右脚收并站，右手起掤左回按；
腰脊圆转带手摆，掤捋转右重心换。

右手翻按左提掤，反转两手眼领前；
左脚横迈左云起，双脚平行与肩宽。
下掌侧斜水中拨，上掌朝内拨云翻；
重心随移手旋东，右脚收并屈腿站。

云手进入第三次，右云双手向右旋；
腰带手摆重心移，眼领上手双手圆。
右云至西左开步，左云到东并步站；
腰领沉胯横步摆，虚实变化交互旋。

第五十六式 单 鞭

云手势终拉**单鞭**，右勾击敌左甩鞭；
双手弧线摆西南，右上左下眼领看。
左手右侧转回掤，右手变勾展西南；
身转正东左足迈，弓步助力掌按前。

第五十七式　下　势

下势坐身化敌力，千斤坠力破敌缠；
重心后移右足撇，腰带身转面向南。
右胯外开坐右腿，沉肩松胯裆开圆；
左手顺采勾不动，手引落空走上环。

扑腿落身呈下势，左膝微屈深蹲现；
左脚朝东身坐稳，左手弧形续下旋。
身复左转平视东，左腿内侧掌前穿；
胯身肩肘腕带掌①，穿掌朝南勾不变。

---

①胯身肩肘腕带掌：即以胯带身，以身带肩，以肩带肘，以肘带腕，以腕带掌，节节
贯串。

第五十八式　金鸡独立

金鸡独立占上风，悬腿蓄力攻敌前；
左脚外撇重心移，前屈后蹬长弓现。
腰带身转前移起，左掌随起前上穿；
勾手松开随势移，右掌弧带胯后边。

右胯根催膝顺提，意在足踢膝顶先；
右掌贴腿弧形托，四指朝上拇鼻尖。
挑手闭敌臂圆撑，左掌搂按左胯边；
左腿独立肘膝合，上领下蹬眼远看。

右脚横落半步宽，实脚踏地指东南；
重心右移右腿撑，右掌弧搂右胯边。
左手上撩截肘腕，左腿提膝撞丹田；
右腿独立右掌按，左手挑手在脸前。

第五十九式　左右倒撵猴

倒撵猴势退三把，抽退回击一瞬间；
步退掌进势要平，腾挪稳匀肱灵卷。
左侧脚点掌放平，腰带右臂西南展；
左脚弧退掌收胯，右掌错左推向前。

右腿后展左腿撑，右翻左折掌错前；
重心后移坐右腿，右掌落胯左前按。
左脚斜退腰不软，转腰看手身不偏；
左手翻掌撤胯旁，退中有攻右推前。

第六十式　斜飞势

斜飞势招用不空，搭手斜挒外飞腕；
右脚后伸点西南，双臂相合在腹前。
左跟为轴身随转，右脚斜跨屈膝前；
左采右挒开劲用，右掌西南左胯边。

第六十一式　提手上势

提手上势见奇功，左脚跟步重心变；
右脚虚步脚跟落，左手上提右肘边。
右虚左实双手合，擒敌肘腕眼看前；
双手前送呈上势，手臂内夹合劲现。

第六十二式　白鹤亮翅

白鹤亮翅顾盼灵，挑打软肋显果敢；
坐左转腰右脚点，双手下捋走下环。
双手交合胸腹前，重心转右脚踏全；
右臂外旋左下采，上架下按左脚点。

第六十三式　左搂膝拗步

搂膝拗步攻防连，双手胸前做回环；
右手后拉裆圆撑，伸脚折臂在西南。
左跟先落松胯跟，前屈后绷弓步现；
左手搂膝肩手合，右手推掌眼视前。

第六十四式　海底针

海底针为脱敌缠，蹲身蓄劲指刺点；
右脚半步随前踏，复坐右腿左足点。
左手随腰右横摆，右手弧形抽耳畔；
右手下插腰前折，左手绕采左胯边。

第六十五式　扇通背

扇通背上托架功，扇通我背劲通贯；
起身腰转提右掌，左手划弧摆胸前。
右臂滚提上托架，左踏弓步掌推前；
松肩腰宰脊发力，腰腿助势劲道显。

第六十六式　转身白蛇吐信

转身白蛇吐信变，腕中反有闭拿现；
右掌撇击左掌扑，两臂回环掌连环。
身向右坐重心移，左脚内扣身转南；
右手回旋掌变拳，左手上摆护额前。

重心左移右脚提，点在西北身右转；
脚跟落地成虚步，左足扣西裆撑圆。
右肘为轴拳环撇，过胸变掌仰朝天；
左掌拂面弧形落，左外右内合胸前。

右掌背撇如吐信，左掌续按落胯边；
右屈左绷重心移，仰掌采敌收胯边。
左掌过耳意双瞳，先提后扑行立圆；
掌若白蛇吐信出，腰领肢圆平视前。

第六十七式　进步搬拦捶

搬拦捶势现妙拳，尾闾中正不能偏；
右掌上扬找左掌，双手错对阴阳现。
左脚外撇腰领转，松腰开胯裆撑圆；
双手捋下分掌拳，右脚点在右肩前。

右脚进步指西北，拳搬掌压格敌拳；
左脚前伸足跟落，前虚后实收右拳。
重心前移成弓步，右臂内碾击立拳；
左掌侧收右肘内，拳由心发眼视前。

第六十八式　上步揽雀尾

上步揽雀粘黏连，右脚前点腰左转；
双手交合裆圆撑，右脚前跨右掤前。
左翻右展成捋手，右前左后阴阳现；
右黏敌肘左粘腕，四两千金引左边。

捋尽左手内折臂，左掌右腕交身前；
右腿前弓发左跟，后手领劲挤向前。
挤尽双手向回抽，含胸蓄劲坐手腕；
眼神引领往前送，弓步下旋立掌按。

第六十九式　单　鞭

单鞭近身劲变捯，敌援后袭我后转；
重心在右腰左转，右脚随转向内旋。
双手同时平肩抹，手心向下随腰转；
左脚虚点眼看东，右脚实撑指东南。

双手收肋指相对，右过胸前勾手现；
右带左手弧线行，行至西南勾手展。
腰复左转左足踏，左掌回掤弓步现；
左掌随拉随外翻，面东按掌眼看前。

第七十式 云 手

云手防敌往复荡，全凭脊柱圆随转；
身向右坐左脚扣，眼领腰身转正南。
左手右旋勾展翻，双手上下相合现；
腰领双手起左云，身手旋东并步站。

云手两次右云先，翻掌开步右云完；
腰旋横步身平移，翻掌并步左云完。
云手再做第三遍，双手身前划双环；
左脚开步右手伸，右脚并步左手展。

第七十一式 单 鞭

云手后接**单鞭**势，长鞭左甩当胸按；
双手先收再右摆，手走弧线奔西南。
右手变勾右斜展，左手左旋随外翻；
左脚开胯迈弓步，身转正东左掌按。

第七十二式 高探马带穿掌

高探马上穿掌刺，扑面不成左击前；
重心后移坐右腿，转头朝向右勾看。
左脚收提身前点，勾手松开背朝天；
右手折臂向回带，左虚右实头回转。

左手上翻掌朝上，松腰含胸叠敌腕；
左腕粘敌胸前撤，虎口朝前掌背按。
右手与左相呼应，同步由后圆转前；
脊背发力贯掌跟，高探马上扑敌面。

右掌扑空左掌上，穿掌吐信攻颈前；
左迈弓步左掌仰，右掌平收左掌穿。
左上右下右掌俯，缘左臂下收肋边；
左掌续穿与腭高，眼领左手刺喉间。

第七十三式　十字腿

十字腿势软骨断，两臂推缠开合间；
重心后移左脚扣，脚跟为轴尖内旋。
右手随腰向外旋，自左向右走上环；
右掌上旋挑左臂，左手随折摆右肩。

重心复左身拗转，右脚侧点裆撑圆；
左手随腰续外旋，面西偏南掌鹏展。
腰胯下沉手下抱，双手仰掌合腹前；
左上右下臂前提，右腿提起足尖悬。

右外左内臂外滚，双臂撑圆护中线；
脚指西南左腿撑，右腿朝西蹬向前。
脚尖朝上跟用劲，脚踹敌肋眼领前；
右臂展西左东南，臂展腿伸十字现。

第七十四式　进步指裆捶

指裆捶势要**进步**，连追带防攻敌前；
双手垂掌向下落，右脚落点裆撑圆。
左手自然落左胯，右手落腹掌变拳；
右足随提脚外撇，脚踏西北重心转。

腰胯右转左脚提，双手腹前随右旋；
右拳过腹肋边拉，左手横摆身右边。
左脚进步生弓步，左手搂膝到胯前；
右捶直击敌裆间，前臂水平眼领拳。

第七十五式　上步揽雀尾

上步揽雀腰腿领，捋挤相济势不偏；
双手相合右脚点，右脚前跨右掤前。
右肘腕粘敌肘节，左腕背黏敌臂腕；
重心左移左平捋，引进落空合即显。

左手折臂掌腕贴，随敌抽臂挤向前；
前弓后绷腿领劲，伸腰长往眼随前。
双手上提空敌力，坠肘落胯坐手腕；
双掌按敌肘腕部，腰带腿脚下按环。

第七十六式　单　鞭

跨马扬鞭称**单鞭**，双臂平展腰左转；
右脚随腰实内扣，左脚收回半步点。
双收腰领复右转，左追右手过胸前；
右指全收指尖垂，手腕下沉勾手现。

手奔西南双臂开，右胯下沉裆撑圆；
腰复左转左脚伸，脚向东迈跟落先。
勾手腕撑展西南，左手掤开向外旋；
左腿前弓左坐腕，跟促掌推肩背圆。

第七十七式　下　势

下势直探敌裆中，蓄劲避锐挒捌现；
重心后移坐右腿，右撇开胯身转南。
左手回旋走上环，腰胯下沉左膝弯；
腰身转东左脚撇，左穿侧掌平视前。

第七十八式　上步七星

上步七星架手势，双拳架放截劲连；
左脚外撇重心移，左屈右蹬长弓现。
左足踏实撑重心，腰胯领劲攒移前；
右膝顺提左脚实，右脚上步虚步点。

左掌上穿掤带捋，斜掤脸前掌变拳；
勾手变掌走下环，弧形前挥掌变拳。
右臂旋提斜掤前，双腕交叠眼平看；
左内右外腕向内，侧看北斗七星①现。

第七十九式　退步跨虎

退步跨虎闪正中，卸敌之力退为先；
右脚斜后退大步，放敌落空腾挪空。
右脚实踏指东南，左脚脚跟退步半；
重心后移坐右腿，腰胯下沉左虚点。

双拳变掌向下翻，粘黏分手挒劲现；
左采右挒化敌力，领敌之拳倾旁边。
左下右上侧掌撑，双臂撑圆开势现；
势成跨虎身中正，上惊下取随机变。

---

①北斗七星：从侧面看，七个攻击点以脚、膝、胯、肩、头、手、肘顺序排放，恰如北斗七星的分布。

第八十式　转身摆莲

转身摆莲护腿进，横扫四隅攻势连；
双掌合劲向内收，如抱琵琶左胸前。
左前右后掌错对，左推敌肘右黏腕；
右胯下沉左腿提，右跟为轴左脚悬。

双手内翻掌朝下，悬脚助力右转摆；
双手旋风捋挒带，腰领身转大半圈。
由东旋北眼领手，摆脚落地重心换；
面朝正北提右脚，伸向右后掌落先。

左跟右掌为轴转，身向右转面东南；
双掌右旋随腰扫，左脚旋转止东南。
右脚随带向南点，腰胯续转身朝南；
重心在左呈虚步，双臂随带右后展。

提起右脚外摆腿，脚背横扫胸肋间；
双掌与腿相向扫，双手交替击脚面。
双臂捋挒展左侧，右脚跟落在身前；
掌过撒去满身手，脚过疾风荡叶莲。

第八十一式　弯弓射虎

弯弓射虎挑打胸，左右同击不迟缓；
双手捋势走下环，掌心内下经腹前。
右足脚掌随落地，脚尖扣南向东偏；
双手续摆提肩平，左手折胸右侧展。

重心前移到右腿，左脚外撇东偏南；
腰胯下沉骑马档，左绷右屈向东看。
左手正拳击东北，右手反拳掤额前；
双臂弯弓拳眼对，右侧肘膝合一面。

第八十二式　进步搬拦捶

搬拦捶势阴阳济，左右斜开肋下见；
重心左移脚外撇，右脚点在右肩前。
左手仰掌拉体侧，右拳下挥左肋前；
右脚外撇踏半步，右拳左掌旋向前。

右拳拳背向前搬，左手劈掌劲掌缘；
左跟前落右坐实，右拳仰收停腰边。
左腿前弓右腿绷，右手向前击立拳；
左掌沉腕右肘内，前实后虚眼视前。

第八十三式　如封似闭

如封似闭顾盼定，先防后引击敌连；
左手抄至右腋下，手心向上缘臂前。
贴臂前划右肘抽，左手翻转叠双腕；
十字封手向上倾，掌心斜内眼看前。

腰胯下沉手分开，重心后移坐右现；
双手向内引胸前，双掌沉腹向内翻。
掌跟下落摆正手，伸腰长往力向前；
前弓后绷跟发力，双手下环竖掌按。

第八十四式　十字手

十字手势蕴变招，横提骤然冲裆间；
胯随腰转向右坐，右臂前旋走弧线。
复坐左腿撤右脚，双手下抱收腹前；
双手上提腕交叉，脚站并步臂掤圆。

第八十五式　收　势

收势亦称合太极，全套拳终心不散；
双腕内翻掌朝下，双掌平抹分两边。
　　　　双掌微伸与肩宽，徐徐下落垂胯边；
　　　　腰胯随手向上提，腰腿伸起放松站。

　　　　两仪四象与八卦，合于太极归自然；
　　　　太极无始更无终，阴阳相济浑然间。
　　　　心意气息自然收，气息复归入丹田；
　　　　凝神静虑知之定，放松调整不可散。

结　语

八法五步十三势，八门五行招中现；
掤捋挤按四正行，**采挒肘靠**四隅现。
左**顾**右**盼**身中定，**进**步**后退**五行现；
正隅手合门卦爻①，以身分步撑八面。

掤势为水坎中满②，**掤在两臂**破按显；
掤臂圆**撑**守会阴，如水载舟随敌变。
以意引出丹田气，由下上行顶头悬；
休门③击敌掤如墙，手从腰出劲在掀。

捋势为火离中虚④，**捋在掌中**破掤显；
吞劲力**轻**守祖窍，火焚万物化劲先。

---

①门卦爻：门指"开死杜伤生惊休景"八门，卦指"天地风雷山泽水火"八卦，爻指"乾坤巽震艮兑坎离"八个卦象符号。郝月如（1877-1935年）曾较详细地描述了八法与八卦、方位、属性、窍位、脏腑之间的关系。

②坎中满：坎的卦象符号，即上下爻均为虚线（阴爻），中爻为实线（阳爻），表明力在腰胯劲，中盘满，上下虚。

③休门：八门之一，指北方。

④离中虚：离的卦象符号，即上下爻为实线（阳爻），中爻为虚线（阴爻），表明腰盘要松活，即中盘活。

顺势轻灵不丢顶[1]，牵敌使进倾倒前；
景门[2]听劲防转攻，腰际松灵防敌变。

挤势为雷震仰盂[3]，**挤在手背破将显**；
前臂**横**封意夹脊，先蓄后发雷霆现。
气敛入脊力外弹，封敌劲路有逼粘；
引进落空伤门[4]攻，自足而掌劲贯穿。

按势为泽兑上缺[5]，**按在腰攻破挤显**；
随势意**攻**守膻中，遇高膨满逢泽潜。
运掌起伏空必钻，伸腰长往后撑前；
沉肩坠肘惊门[6]守，空胸虚腋眺凭栏。

采势为天乾三连[7]，**采在十指破肘显**；
回抓在**实**意百会，短促抓腕力刚健。
沉提顺逆采必中，气走肺腧而涌泉；
开门[8]借力避人攻，三田[9]合一连一线。

---

[1] 不丢顶：不丢不顶。不丢：粘而不离，不给对手以可乘之机，亦不放弃对手的可乘之机；不顶：黏而不抗，不与对手二力相抵，避免进入以力相持、对峙的状态。
[2] 景门：八门之一，指南方。
[3] 震仰盂：震的卦象符号，即下爻为实线（阳爻），中上爻为虚线（阴爻），表明意念要放在脚底板，下盘实。
[4] 伤门：八门之一，指东方。
[5] 兑上缺：兑的卦象符号，即上爻为虚线（阴爻），中下爻为实线（阳爻），表明膻中以上部分为虚，即上盘虚。
[6] 惊门：八门之一，指西方。
[7] 乾三连：乾的卦象符号，即三爻均为实线（阳爻）。线为点之延长，表明须求立身中正，上下一条线。
[8] 开门：八门之一，指西北方。
[9] 三田：即上丹田（印堂）、中丹田（膻中）、下丹田（关元）。

传统杨氏85式太极拳拳谱

捌势为地坤六断①，**捌**在两肱破靠显；
抓**拧惊**敌守丹田，力在惊弹宽而坚。
引敌腕肘环缠绕，轮转跌敌防牵连；
转移敌力守死门②，六球③掌控乾坤转。

肘势为山艮覆碗④，**肘**在屈使破捌显；
借力在**冲**意肩井，化力而顶势巍然。
沉气涌泉源丹田，回升尾闾过井肩；
至泥丸宫攻生门⑤，贴身封逼靠射现。

靠势为风巽下断⑥，**靠**在肩胸破采显；
跟发力**崩**意玉枕，无孔不入遏敌前。
以意引气小周天，贴身外挤顺势先；
杜门⑦推靠肩背攻，跟肩一线发劲现。

---

①坤六断：坤的卦象符号，即三爻均为虚线（阴爻），如同6条短线，每个短线可看作是一个球，则有3对球，指为上中下3对。其中，上对指双眼，主双手双脚；中对指双肾，主双肘双膝；下对指双睾丸，主双肩双胯。

②死门：八门之一，指西南方。

③六球：指双眼、双肾、双睾丸。六球开则大关节紧，六球合则大关节松。即以六球的开合来操控上下肢各大关节的松与紧。

④艮覆碗：艮的卦象符号，即上爻为实线（阳爻），中下爻为虚线（阴爻），表明意在上盘，只关注肩肘以上部分，忘掉身体的中下盘。

⑤生门：八门之一，指东北方。

⑥巽下断：巽的卦象符号，即下爻为虚线（阴爻），中上爻为实线（阳爻），表明意想脚底生风。

⑦杜门：八门之一，指东南方。

进步属水守会阴，进在云手臂追拦；
起如藕断丝还连，落如吻婴情绵绵。
横挪斜进要平稳，腰胯提携为力源；
舒松膝胯上下随，以气促进轻灵现。

退步属火意祖窍，退在转肱求避闪；
脚下后退手上攻，退步当中有封拦。
攻守转换意回吸，步随身换退进辩；
引气促退逃中打，内扣外撇步法圆。

左顾属木意膻中，顾在三前[①]实顾点；
眼手足要协调动，引领转体重防范。
视物清楚知敌变，攻防变化灵活现；
以眼领手盯敌眼，知己知彼随机变。

右盼属金意夹脊，盼在七星[②]虚盼面；
头肩肘手胯膝足，警惕对手七星变。
知敌部位瞬间在，应机用招胜在先；
以眼领身要看远，催身而转眼法尖。

中定属土沉丹田，身法中正腰主转；
中土为枢机之轴，转势守中盘稳健。
以静待动察敌情，随屈就伸随敌变；
敌有力则我力先，敌无力则我意先。

---

① 三前：眼、手、足。
② 七星：头、肩、肘、手、胯、膝、足。

中在得横寻敌侧，我顺敌背用中先；
敌我之劲有纵横，胜在纵横击弱点。
纵横相破亦相成，人纵我横相对言；
阴阳分合太极理，势劲分合拳理贯。

定在有隙寻敌虚，乘敌薄弱如榫贯；
敌不动则己不动，敌微动则己动先。
引进落空合即出，不丢不顶粘连黏；
机由己发握契机，力从人借弱强转。

滞在双重力相争，懂劲避中为腾转；
身滞进退不灵活，双重难能腾挪闪。
从人则活从己滞，后发化力优势现；
妙在全凭能借力，引进落空奥无边。

通在单轻为避重，进用单重敌力减；
诱敌出手能问劲，敌不知我知敌先。
依人知己随转接，黏人知人不后先；
上下前后与左右，敌背我顺先机占。

虚在当守取守势，进攻无隙防为先；
虚为走柔合收蓄，虚非无力实内含。
进中有退退乃进，退中隐有契机显；
松肩腰宰根于足，听命于心为转关。

实在必冲乘虚入，得手之时冲劲现；
敌劲将来尚未发，抢打闷劲先机占。
敌劲已动我静待，迎打来劲力反弹；
敌劲落空欲换劲，随打回劲黏击显。

流行于**气**运于**掌**，通之于**指髓**中敛；
达之于**神**凝于**耳**，息之于**鼻口**扩先。
蹬之于**足**行于腿，纵之于**膝腰**活先；
灵通于**背**神于**顶**，浑噩一**身**气通贯。

身法中正亦安舒，身健轻灵动活圆；
沉着稳重身不摇，含胸拔背撑八面。
形体舒展亦大方，潇洒优美型不凡；
风格朴实气魄在，行云流水绵不断。

头要上提宰行动，全身之纲百脉源；
虚灵顶劲百会顶，正直不歪若顶碗。
眼要平看正视前，不低不高延展远；
拳脚意欲往何方，眼神先领身随变。

颈要放松端竖起，不歪不斜不僵软；
下颏微微向内收，不仰不收姿势端。
肩要放松且下沉，臂与腋窝间拳宽；
双肩微微合向前，包裹之意内中含。

传统杨氏85式太极拳拳谱

胸要内含但不凹，胸部平整不凸前；
含胸亦呈拔背形，沉肩亦与含胸连。
肘要有坠臂有曲，意在肘尖下垂现；
肘曲忌抽有掤劲，先曲后伸化劲显。

腰要下塌保下盘，腰催四肢领劲先；
保持松沉竖圆活，刻刻留心在腰间。
胯要放松下盘活，胯与腰部紧相连；
调整腰腿在胯部，活腰松胯是关键。

膝要有曲经络通，曲膝有助蓄劲先；
蓄而后发弱克强，发劲有力崩劲现。
手先着力为听劲，听劲知敌先机占；
有劲必动皆可听，强弱纵横与长短。

前臂有力关节松，气势下沉重心坚；
神气敛入骨髓中，提起精神神不散。
神气鼓荡无缺陷[①]，周身一家机势占；
舍己从人知己彼，引进落空招连贯。

招乃变化之手段，劲为招中功夫现；
招有万而劲则一，用意不同劲随变。
力如生铁生来有，劲为钢铁需锤炼；
太极内劲松散练，气充全身无间断。

---

①无缺陷：指周身无缺陷。

劲在招中变无端，蓄劲张弓发放箭；
粘化提放抖擞劲，借截卷入数劲现。
劲形于内招于外，表里一致协调现；
自己懂劲若神明，于人懂劲先机占。

粘劲交手粘敌劲，粘劲轻重视敌变；
我顺人背谓之粘，听劲懂劲不丢现。
走劲交手不抵抗，稍觉双重即沉偏；
人刚我柔谓之走，使敌落空不顶现。

化劲合用粘走劲，走退粘进将敌牵；
曲线左右引直力，力尽自空方向变。
引劲逆来亦顺受，引入彀中任我摆；
敌若屈伸我伸屈，虚实应付随机变。

拿劲要在拿活节，身无主宰气行难；
拿之枢纽在腰腿，意气主使拿劲显。
放劲四两拨千斤，顺敌不稳跌敌远；
敌提起时我蓄劲，随其方向如放箭。

提劲粘住敌之臂，迫敌脱身臂上翻；
吾劲随之向上提，提敌脚跟松底盘。
抖擞劲防背后袭，无暇转身抖擞现；
抖擞致敌向外跌，能用此招神妙现。

借劲观敌力方向，左右上下力皆然；
借敌前推而采之，借敌后扯放劲现。
截劲用在不及变，以刚碰硬截劲现；
截劲重在恰当处，将发将展时机现。

卷劲展出勾手势，由指而背力入腕；
拳到敌身如轮转，锤钻之力击向前。
入劲展示吾内功，掌贴敌身快速闪；
气往下沉劲入内，五脏震动重伤现。

圆劲之中直劲在，**直劲**之中必有圆；
圆劲无直不能放，直劲无圆化必险。
硬劲如蛮劲自留，劲打对方己留半；
松劲如抛己不存，劲放人身务求远。

附 文

太极内功的修炼及其方法

凡是太极拳爱好者均知道，太极拳是我国著名的内家拳术。是内外兼修、身心并练的拳种。对内家拳而言，应以练意、练气为主。正如拳论所云："意气君来骨肉臣。"但如今大多数练习者，在练拳前做准备动作时，大多压压腿，弯弯腰，活动四肢。很少有人站站桩，练练气，做一些呼吸运动让自己身心静下来，使身心放松，气息平和，丢掉杂念，进入拳境，一心一意地练拳。

王宗岳先生的《太极拳论》一开头就说："太极者，无极而生，动静之机，阴阳之母。"那就是说，练太极拳之前应练练无极桩功。动为太极，静为无极。太极应从无极开始，练太极一辈子不练无极功，一辈子得不到内气，更出不来内劲，更谈不到内功。古人云："拳无功，一场空。"

古人练拳，先从无极开始，学练太极桩功，一个桩功，一个桩功练下去，一般花费一年半载，等腿上有了功夫，气能松沉下去，有了一定基础再学练太极拳架。当然，这样练习需花费好多时间，而且练起来比较苦。这种方法的练习不一定适合现代社会的需要。现代社会的生活节奏加快，时间是相当宝贵的。为了适应现代社会的需要，不能把古时候的练功方法套用到现代社会，练功的方法也应该与时俱进，根据简、快、好、省的原则。本人根据古人常练的桩功，组合成一套动静相兼的功法称为太极六部功法和太极内功功法，献给大家。供太极拳爱好者在练拳之前做舒筋拔骨、调和气息之用，使练功者很快进入到练拳的意境中去。

（一）功法名称

1. 三线放松功
2. 太极升降功
3. 太极浑元功
4. 下肢导引功
5. 左右琵琶功
6. 收势还原功

（二）功法的具体练习方法

具体的练习方法请看本书所附 DVD，这里仅作文字介绍。

1. 三线放松功

预备势：面向南，自然站立，两脚距离一肩宽，脚尖向正前方，两臂下垂于体两侧，膝部微曲，下盘稳固。沉肩坠肘，上身端正，顶劲虚灵，松腰含胸，安静平和，气沉丹田。

所谓三线：人自然站立时，上体的肩井穴与脚下的涌泉穴相对而立；头顶百会穴与下部的会阴穴相对呈一线。这样，从右边的肩井穴至右脚的涌泉穴为第一条线；第二条线是头顶百会穴至下部的会阴穴，俗语也称中线。第三条线是左边的肩井穴至左脚的涌泉穴。在做此功法时，先从右边的第一线做起，依次而做直至第三线为止。默默想放松，一直从肩井穴松到涌泉穴，后再做百会穴到会阴穴，再做从左肩井穴松到涌泉穴。三条线完全松开后，再想象全身放松。方法是从头顶部一直放松到脚底心，头脑里想象在洗淋浴似的。想象水从头顶上方一直慢慢地流到脚底心一直到地心处，反复数次，直至感觉到全身放松为止。

从中医学上讲，人休息了一宿，清晨起来，身上带有一股浊气。所以在练功前，应该把这股浊气从顶心开始一直降到脚下，然后排出体外。此功法练得好，自己会感觉身体放松下来，浊气排出体外。

目的： 能使人入静，体松，去浊气，丢杂念，进入到练功境界。

2. 太极升降功

预备势同上势。面向南，自然站立，两脚距离一肩宽。意念放在下垂于体两侧的两臂手背，两手一肩宽，慢慢地向上升起，抬至肩平，然后意念放到胯上，胯慢慢下落，两手收在胸前随胯而下，至胯平。这样，反复地做升、降运动。手臂的升降起落要有水涨船高、水落船降的感觉。呼吸与动作要紧密配合，意念要放在动作上，不要放在呼吸上，要用导引来带动吐纳。意念在先，领着动作走。

目的： 是把大自然的新鲜之气吸入体内，使人体充分吸氧，使人神清气畅。

3. 太极浑元功

太极浑元桩也称太极抱球桩。

接上势，两脚以脚跟为轴，脚尖外展45°，然后以脚掌为轴，脚跟向外碾45°使两脚平行，两腿下蹲，两手在胸前相合，呈抱球状。松腰、圆裆、屈膝、开胯。意守下丹田。

目的： 此功法，是把吸入宇宙之气，存入丹田，起培元固本的作用。养浩然之气，培养掤劲之灵气，可行虚实之变换。

4. 下肢导引功

接上势，两脚收回原处，自然站立，回到第一部功法的自然状态，两手捧气向神阙穴贯气，两手轻轻沿带脉向两侧按摩至背后命门穴，中指点按命门穴，然后两手沿着腿部膀胱经慢慢而下行至脚面，人体随着两手下行而慢慢下蹲，再从脚心吸入地心至阴气；两手沿着脚部内侧三阴经慢慢起身把地气引入下丹田。后静养数分钟。

目的：培元补土，滋养元气，医治腿疾。

5. 左右琵琶功

此功法即太极拳拳架中的手挥琵琶势。

接上式，右脚向前方跨出，左实右虚，成右琵琶势，站立几分钟后改成左势，右实左虚，成左琵琶势（因分虚实所以也可称虚实桩）。因分左右两式，左实右虚式，右实左虚式。虚脚支撑体重的30%，实脚支撑体重的70%，也称技击桩。

目的：为练拳行功走架时的虚实变换创造条件，为练习太极推手打基础。

6. 收势还原功

接上式，从左琵琶势起，全身重心移至左腿，右脚上步，与左脚平行，两脚距离一肩宽，两手自然下垂于体两侧，转掌心向内，搂气向体前合拢，男左女右（男性左手掌心向内贴近身体，右手叠放在左手手背上；女性右手掌心向内贴身体，左手右手叠放在右手手背上），双手重叠在肚脐上，静养几分钟。

目的：拢气归丹田，静养收功。

以上六部功法，是以我国现代著名太极拳家吴图南先生（1884—1989年）在上世纪30年代所著的《太极拳敛聚神气论》为依据，再加上本人多年练功的实践及古人留下的桩功筛选而成。此功法，短小精悍，简明扼要。它可以单独练习，也可以串起来练习，时间多可以多练，时间少可抽出来几个来练，所以它起到了省时、省力、效果好的作用。从三线放松功开始至下肢导引功，四个功法可使人气血从头至脚运行一周，妙在无始无终，无梢无节，周身运行，环形无端。功法完成后，可使练功者安心、顶性、敛神、聚气。全身至四肢百骸，周流通畅，内气充盈，精神旺盛。练完此功之后，再行拳走架，定能收到事半功倍的效果。

如果把六部功法中的三线放松功作为无极桩，把太极浑元功作为太极浑元桩，把左右琵琶功作为技击桩单独练习，一定要注意以下几点：

（1）站桩时主要体会的是周身一体、内外相合的感觉。在做到松腰、圆裆、屈膝、开胯的同时，还要体会自己从头到脚的姿势是否正确，自己的意念是否到位，自己的气息是否顺畅。

（2）站桩不可太低，不可硬挺，不可努气。太低则坚持不了多少时间，还没等找到感觉，腿已经站不住了。

（3）站桩要追求整体效果，而不能片面追求腿部的力量。

原载《哈尔滨都市资讯报》
2002年6月

太极拳与揽雀尾

记得四十多年前，在老师身边练拳，老师常说："学太极拳，首先要把揽雀尾学明白了，就等于学好了一半太极拳。"当时，百思不得其解，也不敢问。因为在那时候学拳，是老师怎么教，你就怎么练。多问，老师是会不乐意的，老师一不高兴，你什么也学不到了。

练了近五十年的太极拳，到如今方明白一些揽雀尾在太极拳中的地位。太极拳是由八法五门组成的。八法是掤、捋、挤、按、采、挒、肘、靠。五门是进、退、顾、盼、定。仅以劲而论，八个劲，揽雀尾独占四个。大家都熟知的，掤、捋、挤、按，谚称"四正"。太极拳是体用拳，先练体，后练用。想练好推手，就需练好四正手。四正手也是四个字，掤、捋、挤、按。就此看出，掤、捋、挤、按的重要性，即四正的重要性，也是揽雀尾的重要性。

如何练好四正呢？首先应在拳中练好四正。根据杨家秘传九诀的"十八在诀"讲的："掤在两臂、捋在掌中、挤在手背、按在腰攻。"

掤劲：是太极拳中的主劲。有人称太极拳为掤拳，也就是说太极拳处处要求有掤意，要求两臂具有一种圆撑力，这种圆撑力，是由内向外的膨胀力，在任何情况下均具有一定的弹性。故曰："掤在两臂。"也正如拳诀所说："掤手两臂腰圆撑，动静虚实任意攻。"

捋劲：在太极拳中为化劲。根据对方的来劲，进行走化。"捋在掌中"，是指捋时前面一个手，劲点在近腕部的尺骨处，轻贴在对方的肘部，后面一个手劲点在掌心或掌背，接触在对方的腕部处，两手相距对方一前臂间的距离。它可以根据对方外力的变化情况而走化。因势利导，化开对方之劲。然后可变招（着）进击。

挤劲：挤为进攻劲。在捋开对方来劲之后，可随势以挤手进而攻之，把对方击出。正如拳诀所曰："捋挤二法趁机使。"我们一般在推手时，常用捋挤劲。"挤在手背"，是用合劲或长劲使之。合劲是两手合成一劲施于对方身上，长劲是全身之劲串成一线，伸腰长往而发之。

按劲：按为进攻劲。使用按劲时，先用提劲，向上向左或向右化对方来力，两手按在对方腕、肘处用长劲发之。按手的关键在腰部，发按劲靠腰的长往进攻，不能单靠手的力量，所以说："按在腰攻。"正如拳诀所说："按手用着似倾倒。"

写到这里，不仅使我想起来关于"揽雀尾"的一段轶事。

陈式拳，杨家传。当年杨露禅去陈家沟学拳，实为不易。陈式拳有一个规矩，只传内、不传外，尤其是外姓人要想学到陈家拳，真是难上加难。所以引出了一段"杨露禅偷拳"的趣事来。

某夜，陈长兴在月光下给弟子们讲拳，杨露禅爬在围墙外的大树上偷看。当陈长兴讲到陈式拳第三势"懒扎衣"时，杨露禅在树枝上，距离远，在加上偷看拳，心不静，误听为"揽雀尾"。陈式拳的"懒扎衣"，是明代名将戚继光"拳经三十二式"中的一式"懒扎衣出门架子"。它的意思是在临敌之前，从容随意撩衣迎战之意（因明朝古人穿的衣服宽大之故）。

后杨露禅改为杨式拳时，就把"懒扎衣"作"揽雀尾"处理，并把它作为杨家拳的首势。"揽"是缠绕；以"雀尾"喻敌方出来之臂。释为对方用拳击我，我双手贴彼前膊、随其曲伸，运用掤、捋、挤、按之术，将其击出，如用双手拮取雀之首尾，随其上下旋转，故名"揽雀尾"。

在陈式拳中"懒扎衣"为第三式。杨式拳中，起势后就打"揽雀尾"。由此看出，揽雀尾在杨式拳中的重要性。

杨式拳实来之不易，始祖从老陈家偷拳学艺，备受艰辛，后经祖孙三代历经磨炼，长达近百年方成此拳。我们应好好学习，更应加倍珍惜！不辜负前辈的期望。

揽雀尾在拳中的地位正如拳论所云：

掤捋挤按须认真，上下相随人难进。
任他巨力来打吾，牵动四两拨千斤。
引进落空合即出，粘连黏随不丢顶。

揽雀尾在杨式太极拳中，具有举足轻重的位置，希学者加倍留意。练好揽雀尾，你的太极拳就练好了一半。

我与同仁共勉之。

原载《太极杂志》2004 年第 1 期

我学习杨式小架太极拳的经过

1972年的夏天，家住南岗的拳友关铁铭来找我，告知我从北京新来一个20多岁的小伙子，拳打得非常好，推手水平也很高，打遍了哈尔滨（江畔、兆麟公园、儿童公园、动物园等处）未遇敌手。他已经替我约定星期日上午7时，在儿童公园的北京站与此人见面。在关铁铭来找我之前，我已经听说了这个人，心里也想去会会。

星期日的清晨，天气非常好，我在儿童公园北京站看见一个英俊的小伙子，中等个，身材匀称，长得很精神，正在同一位老者推手，不时指点指点。我走上前说："我们俩推推。"接手先走了几个圈，他要我问劲，我说："你先问劲吧！"他向前一逼，我来一个往下、往上、往前的按劲，只听"砰"的一声，我们俩相互跳出约有一丈多远。于是彼此停了手，均说好。他问我是何处学的拳，练的什么拳，我回答在上海学的杨澄甫先生拳架。他说他是知青，插队落户在内蒙，这次选送工农兵上大学，现在黑龙江省中医学院念书，拳是跟北京吴图南先生学的，练的是杨少侯小架。此次是出来访友，并拿出吴图南先生给他写的信，信中吴图南先生称他为"张宇生"，落款"师吴图南"。等了一会儿，关铁铭、刘少伟、张永好三人来到，寒暄一阵后，我们四人同张宇来到我岳父家，我岳父住光芒街86号，离儿童公园很近，步行约十分钟，家里有个大院子，便于习武。我们吃过早饭，张宇在院内完整地将吴图南先生的拳械套路示范给我们看，关铁铭、刘少伟当即表示愿意从学，张宇同意每星期六、日下午到我岳父处教拳，先从定势开始，每次我均在旁边观看，当时我习练陈式拳兴趣正浓，对吴式拳不甚了解，所以未学。

次年，我因公去四川德阳，路过北京。张宇给我写了一封介绍信去北京见他师兄李琏，李琏当时在中国工商银行西单商场附近的分理处工作。我住在北京重型机器厂招待所，登记住宿后，我就去找他。在分理处见到李琏，他问我是否从哈尔滨来，我说是，拿出张宇的信。他说他收到了张宇的信并约我第二天清晨去紫竹园。第二天早上去紫竹园，李琏正在门口等着我。进园后，二人推起手来，互有胜负，接着李琏把连势及小架打给我看。中午我在李琏家吃的午饭。李琏送我时，约我明晨7时整去天文馆见吴图南先生。

第二天去天文馆见吴图南先生，图南先生正在教拳，学者十余人。经过李琏介绍，我正式认识了先生，先生时年90岁，很健谈，精神矍铄，从外表根本看不出来。这是我第一次向吴图南先生求教。后来的几天里，我每天清晨都去天文馆看图南先生授拳。五天后我便进川了。

从四川返哈后，我就跟张宇学吴图南先生的太极拳、剑、刀。一年后，中医学院从东香坊搬回安乐街现地址，因为离家很近（我家在体育街），所以我们同住了一段时间，此时我开始学练杨式小架太极拳。张宇住校后，我每天清晨到中医学院同张宇一同练拳，历时一年。张宇毕业后，分配到佳木斯医学院工作，后考上北京中医研究院研究生班学习。毕业后分配到北京中医研究院西苑医院，我曾去北京看望过他，后来又两次进京向吴图南先生求教，这是后话。从那时起，我一直研练杨式小架至今，除我之外，关铁铭、刘少伟、靳凤林（从刘少伟学的杨式小架）都学习过杨式小架太极拳，因近年联系不多，所以他们是否还练小架或又将小架传授给什么人，我不太了解。

以上是我学习杨式小架太极拳的经过，供大家参考。

原载《太极杂志》2004年第4期

谈谈太极推手

近几年来，协会领导为了提高全体会员的太极拳拳艺水平，在协会内部大力提倡并推广太极拳推手，力求让大家了解太极推手。为什么协会要大力提倡太极推手呢？推手与拳架之间有什么关系呢？这是一直引起大家关注的一个问题。

有的同学问，我只练拳，不学推手可以吗？我回答是肯定的。因为在现代社会，太极拳的学习内容可以根据自身的需要进行选择，您仅仅是为了锻炼身体，那么练练拳架已经是足够了，但您若想把它练得好些、完整些，那就另当别论了。那么，为什么要学推手呢？因为我们好多同学，练了多年拳架，对于推手只是听说过，却从没学过，于是心里就有希望学一学的想法，想知道太极推手是怎么一回事？有的同学在国家规范套路上下了不少工夫，有的在各种场合拿了不少奖牌，自我感觉也很好，但一谈起推手就力不从心了，所以也想学学推手。

一、推手究竟是怎么回事？

首先，推手实质上是将你在拳里所学的八面劲法，进行有效的双人训练及应用。在进行训练及应用的过程中，会演出许多有趣的事，使人感到趣味盎然，令人回味无穷，所以太极推手为广大爱好者所喜爱。

其二，太极拳是一物二体，杨澄甫先生给他1934年的著作取名《太极拳体用全书》。里面讲的很清楚，太极拳分"体"及"用"

两部分。拳架为"体",推手为"用"。所以,作为一个太极拳爱好者,不但要练好体,更要进一步的知道如何用。学以致用,既知体又知用,体用结合,使拳练得更完善、更完美。

其三,古人云:"走架即为打手,打手即为走架。"走架也叫盘架子,即练拳,打手就是推手。在太极拳传到南方去之前推手称打手。所以从这句话来说"拳即为手,手即为拳。"古人说:"从推手可以验证拳练得如何。"一个人拳练得如何,能从你的手反应出来。所以拳手相结合,可使你不断地提高拳艺。

其四,从现代医学的观点来看,不牵动对方重心的双人推手法也称养生推手术,两个人可以通过推手运动达到互相按摩的目的,能够疏通经络,畅通气血和强健腰腿,从而强壮筋骨,对肾气亏损也有很好的医疗效果,并且具有增强记忆、预防早衰等功效,甚至对某些疾病也有良好的辅助医疗作用。

所以,从上述四个观点来看推手是值得大家学习的。

二、我国太极推手的现状

(一)我国太极推手目前以两种表现形式存在,传统推手和国家推广的竞技推手。

传统推手:传统推手距今有四百多年的历史,它是明末清初陈王廷所创造的双人推手法。由陈长兴传给杨露禅后从杨家派生出其他流派。每个流派有每个流派的特点,有每个流派的不同训练方法,有每个流派的不同风格。例如,陈式推手仍旧保留一些原貌,姿势低,有管脚,拿关节等擒拿法。杨式推手法以掤劲为主,讲发劲,拿法讲究拿对方的劲路。吴氏推手法主要以柔化见长,讲先化后打。

现在推行的竞技推手:新中国成立以后,国家为了全民健身,1956年推出简化太极拳,1958年推出88式太极拳。上世纪60年代开始尝试把太极推手列入现代竞技项目，从60年代初至70年代末，曾进行多次实验，直到1979年太极推手作为试点项目，在南宁举行的全国武术观摩交流大会上进行了首次表演赛。

1989年推手比赛正式列入全国比赛项目。

1991年经国家体委审定，正式颁布《太极拳推手竞赛规则》。

1992年在济南召开第一次全国太极拳推手研讨会。

1993年在杭州举行第二次全国太极拳推手观摩交流会。

1994年正式举办全国太极拳推手比赛，女子也可参赛，并重新颁布了《推手竞赛规则》。

竞技推手的出现和发展，把现代太极拳运动推进到一个较高的层面。

（二）传统推手和竞技推手并列出现在我国太极拳运动的领域内，但此两种推手法的训练目的不同。

传统推手：传统推手在太极拳中是作为过渡到太极散手的一个中间过渡训练方式。现在作为相互切磋武艺、增进友谊、互相帮助之用，达到共同提高拳艺水平的作用。

现代竞技推手：目标明确，争输赢、拿冠军。

（三）由于传统推手及现代竞技推手二者具有不同的目的，所以出现了不同的锻炼手段。

传统推手：传统太极拳由于是封建时代的产物，它一出世，就要立足于社会，所以各家各派都有一套完整的理论体系，有一套完整的训练方法。推手作为太极拳中的一个中间过渡教材，从套路开始过渡到推手，再从推手过渡到散手。从理论上，王宗岳先生在《太极拳论》中，阐明了太极拳修习的三个阶段，着熟、懂劲、神明。走架是着熟的阶段，推手就是练懂劲的过程。如何练好懂劲呢？就是先练好粘、黏、随，练习听劲，能听才能懂。练出感觉力就好办了。所以我们练推手，要先走圆后讲劲，再似断非断、似连非连，现称亚散手。再过渡到断手也称散手。经过这个程序，方能

97

达到顺势借力、以柔克刚、以轻制重、以慢制快、以小胜大、四两拨千斤之技巧。

现代竞技推手：现代竞技推手是在传统推手的基础上加入现代竞技体育的元素，使太极推手的运动进入现代竞技体育的领域。所以现代竞技推手主要讲比力量、比速度、比技能，不太强调小力胜大力，即四两拨千斤。所以大多练习者，在体能上、力量上、招法上下工夫。有些运动员为了急功近利，很少在拳的基本功上下工夫，所以在比赛场上出现顶牛、抢摔、相扑之类的角力之争，使大家在心理上很难接受。由于大家已经习惯于太极拳以柔克刚、四两拨千斤、借力打力之说，所以看不惯竞技推手。这一点，是可以理解的。

三、推手是否神秘

有的同学说，推手很神秘，不好学。我说推手不神秘，很好学。因为，平时练拳走架是一个人练习，所以很方便，只要记住套路就可以打下来了。推手可不行，因为推手是两个人练习的，由不得你一个人想如何练就如何练，而是必须遵照两个人的运动规律进行。实质上，我们每日练拳，不论你练什么拳架，里面总会有"揽雀尾"，就拿（85式）杨式太极拳来说，"揽雀尾"仅是85式中的一个式子。推手练四正手实质上就是练"揽雀尾"。一个揽雀尾包括四个劲，"掤、捋、挤、按"。四正推手实质上就是这四个劲的演练，所以你想，你一套拳都练了，在拳里拿出一个拳势的名称来双人练习，会难吗？

练习推手要讲究方法，概括起来一共有三个方面：

第一，对方用手打我，我往两边引化，使他落空不及我身。

第二，对方用手打在我身体上，我通过此点，把它返回去，返给对方自身。

第三，对方用大力击我，我用截劲，截住再把劲返回去。

此三个方法，不是我独创的，是根据我国著名太极拳家吴图南先生 1936 年所著的《太极拳打手法》一文所启发的。所以，当你看了我这一段述说，一定能解决您的疑点了。太极拳推手好学但不好练，只要你有恒心，能坚持，能根据古人所留下的论述来演练，我想您一定能登堂入室的。（请参考吴图南先生著《太极拳打手法》，附文后）

四、谈谈八法五步

众所周知，我们现在练的太极拳（现代太极拳）及传统拳均是由八法五步组成的。八法是：掤、捋、挤、按、采、挒、肘、靠。五步是：进、退、顾、盼、定。由它们构成了十三势，也称太极十三式。

（一）八法（即八种劲法）

1. 掤劲：掤劲是向上向前之劲。掤劲如围墙，意御敌于门外。用于攻防和走化。是太极拳中的主劲，有人称太极拳为掤拳，也就是说太极拳处处要有掤意，要求两臂具有一种圆撑力，这种圆撑力是由内向外的膨胀力，在任何情况下均有一定的弹性，故曰："掤在双臂。"也正如拳诀所说："掤手两臂要圆撑，动静虚实任意攻。"

诀云：掤劲义何解？如水负行舟。
　　　先实丹田气，次要顶头悬。
　　　周身弹簧力，开合一定间。
　　　任由千斤重，漂浮亦自然。

在应用掤劲时需要注意以下几点：

(1) 粘住对方而不是对抗对方。

(2) 掤劲之手臂与自己身体应保持一定的距离。

(3) 掤劲在使用中应贯彻敌进我退、敌退我进的原则，并要粘着对方。

2. 捋劲：在太极拳中为化劲。根据对方的来劲，进行走化。"捋在掌中"是指捋时前面一个手，劲点在近腕部的尺骨处，轻贴在对方的肘部；后面一个手劲点在掌心或掌背，接触在对方的腕部，两手相距对方一前臂间距离。它可以根据对方外力的变化情况，向自身侧面斜线走化，因势利导，化开对方之劲，然后可变招（着）进击。

诀云：捋劲义何解，引导使之前。
　　　顺其来势力，轻灵不丢顶。
　　　引之使延长，力尽自然空。
　　　重心自维持，莫被他人乘。

在应用捋劲时需注意以下几点：

(1) 顺对方的劲而动，略改变其方向。

(2) 要转腰、坐胯、圆裆、含胸拔背而不僵滞。

(3) 需粘黏着对方腕肘，防止对方受捋而采取攻势。

(4) 捋时一定要轻，起牵引作用；改变其方向时，不易使敌方发觉。

3. 挤劲：挤为进攻劲。在捋开对方来劲之后，可随时以挤手进而攻之，把对方击出。正如拳论所说，"捋挤二劲趁机使"。我们一般在推手时，常用捋挤劲。"挤在手背"，是用合劲或长劲使之。合劲是两手合成一劲施于对方身上，长劲是全身之劲串成一线，伸腰长往而发之。

诀云：**挤劲义何解？手背弹簧力。**
横竖因敌变，顺势寻战机。
间接反应力，如球来碰壁。
外柔内坚刚，沉稳无人欺。

在应用挤劲时，需注意两点：

（1）用挤时一定要封闭对方劲路，加强黏逼到死角后方可挤出。

（2）挤时一定要取横向。

4. **按劲**：按是进攻劲。使用按劲时，先用提劲向上向左或向右化对方来力，两手按在对方腕、肘处，用长劲发之。按手的关键在腰部，发按劲靠腰的长往进攻，不能单靠手的力量。所以说，"按在腰攻"。正如拳诀所说："按手用着似倾倒。"

诀云：**按劲义何解？运掌推向前。**
气由丹田发，腰攻是关键。
逢高则膨满，遇凹则下潜。
波浪有起伏，有空必内钻。

在应用按劲时，需注意以下几点：

（1）用按劲前有一个向内、向下沉化的动作，然后转腕向外、向前上按出。按前有一化，是按的组成部分，即"意欲向外、向上，必先向里、向下"之意。

（2）按时需沉肩垂肘，不用拙力，轻轻向前按去，两手要轻灵兼备方可有效。

5. **采劲**：采制对方的劲力。是形容手法如采摘果实或花朵，不要太轻，也不能太重，其技法犹如采茶、捉蝉似的以巧为尚。采劲应用时一松一紧，或一落即发，先沉后提或先顺后逆，在运用短促抓拿时，迅速一闪，使对方来劲突然落空、扑跌倒地的巧取法，就是采劲的运用。

  诀云：**采劲义何解？拿节敌失灵。**
     任尔力巨细，听劲知轻重。
     巧施四两力，千斤亦无用。
     若问理何在，杠杆之作用。

  应用采劲时，需注意以下几点：
  （1）一般使用此法时先捋后采，谚称捋采劲。捋要轻，采要实。故一般捋引时捋到对方将出重心时再顺势采发。
  （2）采在十指，劲点在手指上。
  6. 挒劲： 是一种向外横推或横采之力。可使对方身体扭转而失重。顺对方出力的方向循弧线用力，使对方旋转而不能自主，只得被提空而抛出。

  诀云：**挒劲义何解？旋转如飞轮。**
     投物于其上，骤然丈外寻。
     急流成漩涡，卷浪若螺纹。
     落叶坠其上，倏而便沉沦。

  在应用挒劲时，需注意如下几点：
  （1）出劲时要上下相随，手到步到并以腰为轴，使全身劲力完整一气。
  （2）动作要敏捷，挒要惊，即"挒惊务相称"。
  （3）劲需发在对方的底盘窄面处，当跌出时，要预防其抓住不放。
  7. 肘劲： 以肘击人。"肘在屈使"，用屈肘向对方心窝或其他关节部位贴身封逼，发劲充足，击人十分锐利，而使对方受伤，因要慎用。

诀云：**肘劲义何解？近身曲臂行。**
　　　上下与左右，虚实宜分清。
　　　连环式莫挡，开花捶更凶。
　　　六劲融通后，用途始无穷。

在应用肘劲时，需注意如下几点：
（1）拳为长手，肘为短手，"肘在屈使"，用肘极易伤人，所以说"肘屈勿轻使"。
（2）用肘劲时要突出一个"冲"字，迅速把劲放出去。

8. 靠劲：用肩、背向外击人之力为靠。靠劲多在贴身之后发出的外挤推力。一般在对方用蛮力向后牵拉时，趁机取巧而用，用之得当，能显出八面威风。

诀云：**靠劲义何解？肩背贴身用。**
　　　斜飞势用肩，肩中还有背。
　　　内外均能靠，来势如雷轰。
　　　仔细维重心，失中徒无功。

用靠劲时需注意以下几点：
（1）靠劲，是以肩部靠人胸部为主，所以称"靠在肩胸"。
（2）用靠劲要突出一个"崩"字，因发靠劲大多贴身，所以发劲要脆，用崩炸之劲靠出去。

（二）五步[①]

太极是进、退、顾、盼、定，即前进、后退、左顾、右盼、中定。一般人认为是步法，实际上它超越了步法。有人认为，前进、

[①]此部分参考《中国赵堡太极推手》一书中"太极推手五步解"部分。

后退为步法，左顾、右盼是腿法，中定是身法。对于盘拳架来说，可以这样认为。对推手来说，进、退、顾、盼、定都要在技击中配合"八法"使用，所以它应纳入技法范围。在技击中，进、退不仅包括步子的进退，还包括身体与手肘的进退，顾、盼不仅包括眼神，还包括腰腿手肘之顾盼。中定是所有技法之核心。

1. 进法：用于拳架，要求迈步似猫行，轻灵沉稳。用于推手，一是移动重心；二是配合"八法"协助发劲。

2. 退法：包括防御和进攻两个方面。防御用于引进落空，如用捋势时，是积极的防御。进攻用在边退边攻，退中求打，如倒撵猴。

3. 左顾右盼：用在拳上，眼神主要是注视拳的运动方向，并还须顾及身体的两侧。所谓"以眼领手""以眼领身"。推手时更应该注意如下两点：一是要注视对方的眼神，由对方的眼神来判断其动作的方向；二是要注视自身的两侧。

4. 中定：是太极推手的核心。在推手中要保持自己的中定，去破坏对方的中定。失去"中"，就失去稳定性，也称为"背"。站桩是静态的平衡，盘拳架子是自身的动态平衡，推手是双方相互作用下的动态平衡，它比自身的动态平衡难度大。中定的方法，一是要气沉丹田，下盘稳健；二是要以腰为轴，灵活转变，要让对方找不到我的"中"，"人不知我，我独知人"，才能立于不败之地。

上述给大家介绍了太极十三势，在练拳中要把"八法五步"弄清楚。走架时，一定要按杨澄甫先生的"十要"为准则。练到定势时，检查一下是否做到"一身备五弓"，是否八面支撑。拳架练熟后，自己对拳的每招（着）每势是什么劲组成一定要弄明白，在盘架子中练出整劲来，完全知道了自己的劲向，接下来就可练习推手了。

练习太极推手，一定要按古人留下的指导性的打手歌诀来练。

歌诀云：掤捋挤按须认真，上下相随人难进。
　　　　任他巨力来打我，牵动四两拨千斤。
　　　　引进落空合即出，粘连黏随不丢顶。

从歌诀上先人已指出，想练好推手应以四正入手，练习时应注意上下相随，因势利导，要顺人之势以小力化去大力，用借力打力之法，要引进落空，反对丢、匾、顶、抗。逐步深入，功夫不断上升。由着熟而渐悟懂劲，由懂劲而阶及神明，你慢慢就能修炼成太极高手了。

2005年3月9日于哈尔滨

附：

吴图南太极打手法

　　打手者，研究懂劲之法也。先师曰："由着熟而渐悟懂劲，由懂劲而阶及神明。"旨哉言乎！夫究宜如何始能着熟？宜如何始悟懂劲？宜如何阶及神明？此著者仅就二十余年来研究所得，不得不贡献于我同好者也。

　　夫太极拳之各势，既已练习，则当首先注意姿势之是否正确，动作能否自然，待其既正确且自然矣，然后进而练习应用。应用既皆纯熟，斯可谓着熟也矣。

　　虽然，此不过彼往我来之一势一用而已耳。若彼连用数法，或因我之招而变化之，斯时也，则如之何？于是乎懂劲尚焉。

　　夫懂劲者，因己之不利处，推及彼之不利处也。方我之欲击敌也，心中必先具一念，然后始击之也。反是，彼能无此一念乎？虽智愚贤不肖异等，而其先具之一念，未尝异也。

　　故彼念既兴，我念亦起。真伪虚实，难测异常。苟无一定之主宰，则必至于张皇失措。方恐应敌之不暇，尚何希其制胜哉！

　　虽然，当击彼之念既起，则当存心彼我之招法孰速？欲击之目的孰当？彼未击至我身也，可否引其落空？或我之动作，是否能动于彼先？待既击至我身也，宜如何变其力之方向，使落不及我身？或能因彼之力，而使其力折回，而还于彼身？此等存心，究宜如何始能得之？盖因我之某处惧彼之击也，彼之某处亦惧我之击。此明显之理也。然而避我之怕击处，击彼之怕击处，则彼欲胜，岂可得乎？孙子曰："知彼知己，百战百胜。"此之谓也。

方此时也，再能默识揣摩，渐至周身之不随意筋，亦能随意活动。全体各部，均能发现一种反射运动。自头至足，无一处不轻灵，无一处不坚韧，无一处不沉着，无一处不顺遂，通体贯串，丝毫无间，自能心恬意静，变化环生。故击敌之际，彼力离而未发，即能知其将发。彼何处欲动，即能知其将动。其心之所至，无不知之。此皆由于明乎运劲发劲之理、刚柔动静之机之所致也。

盖一动无有不动，一静无有不静。虚实分清，自能知其所以然矣。然后因力制胜，假力制胜，顺力制胜，逆力制胜，分力制胜，合力制胜。久而久之，感物而动，遇力便晓。无论彼之所用之力，为直线，为曲线，为弹簧线，为螺旋线，而我以无形无像、全身透空之身，加以出其不意之方法、轻灵奇巧之步法、闪展腾挪之身法、出入神速之手法，使敌瞻前忽后，仰高钻坚，虚实莫辨，应付为艰。当此时也，敌欲攻，而不得逞。敌欲逃，而不得脱。黄主一先生所谓"不用顾盼拟合，信手而应，纵横前后，悉逢肯綮"者，其太极拳打手之谓乎？斯时也，可谓懂劲也矣！

懂劲后，愈练愈精，乃至舍己从人，随心所欲，不思而得，从容中道。非达于神明矣乎？学者，果能尽心研究之，则玄玄之理，有不期然而然者。

虽然，太极拳之妙用，三丰、宗岳诸先师，已论之详矣！故不复云。然数百年来，能阐明其旨者，谁乎？要之，后有好事者，庶可因是而得之也！

（摘自《国术概术》）

杨式小架太极拳答问

问：杨式小架太极拳是谁创编的？是杨班侯先生创编的吗？

答：一般认为，班侯先生创编小架拳。实际上，杨式小架太极拳是杨式太极拳一代宗师杨露禅先生经过多年研究，从太极拳里取出精华的部分编创而成的。即凡是能够顾及的地方，就都把它收集汇总起来，所以小架的每一个势子，都具有技击意义。小架拳是杨露禅宗师练的拳，是太极拳的高层功夫，近乎快打，保留了杨式太极拳的原始面貌。

问：目前在国内流传的杨式小架太极拳以谁为正宗？

答：众所周知，杨式太极拳有大、小架之分。大架是由杨澄甫先生所传，小架是其胞兄杨少侯先生所传。小架（也称快架或用架）是露禅先生带入北京的，后传班侯先生，班侯先生传少侯先生。少侯先生传者甚少，仅传吴图南、尤志学、田兆麟、东润芳、马润之及四川的刘希哲6人。其中吴图南先生教此拳必择人而授，故虽所教者甚多，但得先生真传者甚少。

目前国内流传的杨式小架太极拳主要是吴图南先生一支。可以查阅图南先生讲述、马有清先生编著的《太极拳之研究》（香港商务印书馆1984年出版）一书中的"轶拳新呈"一章，其中有图南先生亲自演练的小架拳之拳照可供参考。如果此书不易获得，还可查阅《杨少侯太极拳用架真诠》（人民体育出版社2003年1月出版，吴图南先生传授、李琏先生编著）一书，此书详述了小架的种种内容，读后必定大有裨益。

问：如何学练杨式小架太极拳？

答：要想学好杨式小架拳，首先要有吃苦的思想准备。因为，学练杨式小架不是一蹴而就的。学练杨式小架，除需要有良好的武术基本功（具有较好的腰、腿功夫）外，还要具有深厚的内功。所以想学好它，需要下一番苦功。正所谓"不是一番寒彻骨，哪得梅花扑鼻香"。

学习小架，应先从吴图南先生的四种太极功（招功、劲功、松功、气功）入手练习（且应终生不辍），使内功不断增强，自我感觉到元气充足，然后即可转入学习吴图南先生的定势架，待把定势架练到每练一次则有全身放长之感后即可转入练习连势。连势就是把定势串起来练习。在练习连势架时，能走出松紧劲、轻灵劲就可以练习杨式小架拳了。吴图南先生所传的太极拳，系统性较强，练习时需严格按他所规定的程序，缺一不可，否则练出的东西会失去杨式小架拳的独特拳味。谚云："打拳如写字。"如果想学好草书，一定要从正楷学起；同样，想练好小架，就需从先生的定势架学起。图南先生的定势架即正楷，连势架即行书，小架则是草书。按此顺序练习，才能练出正宗规范的杨式小架太极拳。

问：杨式小架太极拳能自学吗？如何自学？

答：小架拳在过去是无法自学的。当年，露禅先生将此拳带到北京后传班侯，班侯又传少侯，此拳仅在家族中传授，基本不外传。正如少侯先生所说："太极拳用架为个中之秘，师承传授代不数人。"所以很难找到真正的传人。如今已到了21世纪，人们的思想觉悟大不同前了。大家已充分认识到小架拳是国家的瑰宝，是我国的优秀文化遗产，并不属于哪个人所有。真正的传人，都愿意把它呈献出来，奉献给人民，贡献给社会，让它后继有人，代代相传，并发扬光大。特别是吴图南先生的嫡传弟子，已把关于学练杨式小架的秘传技能著文成书，公布于世。因此，现在已具备了自学的条件，使自学成为可能。

关于自学，可按如下步骤进行：

（1）第一步，练太极功。前面已经说过，学习小架要先从吴图南先生的四种太极功入手。如何练习太极功呢？前面提到过，香港商务印书馆已出版了《太极拳之研究——吴图南太极功》一书，此书是吴图南先生讲授，其嫡传弟子马有清先生编著的。在此书中，马有清先生毫无保留地和盘托出并讲解了吴图南先生的太极功法，可以按此书逐步练习之。

（2）第二步，练定势。当你的功法练到有内气感后，便自觉体松，此时即可练定势架。定势架可按吴图南先生在上世纪30年代编写的《科学化国术太极拳》一书来练，但此书因年代久远不易找到，可去新华书店购买山西科学技术出版社再版的吴图南著《国术太极拳》一书，可按图索骥一一练来。

（3）第三步，练连势。学完定势后，练到自觉身体放长，就可以练连势。如前所述，所谓连势就是把定势的动作连起来，无间断地练习行拳走架。连势架先走出松紧劲，继而再练出轻灵劲，之后就可以练小架拳了。

（4）第四步，练杨式小架太极拳。习杨式小架拳，可按照最近（2003年1月）由人民体育出版社出版的《杨少侯太极拳用架真诠》一书认真练习。此书为李琏编著，其内容为吴图南先生传授。

（5）第五步，找个明白人校正。当你把杨式小架拳整套学习完之后，可在适当的机会请一个明白此拳的同道或老师好好看看，认定后就可以继续练功了。

（6）第六步，进一步钻研。如果你练习后对杨式小架特别钟情，可进一步研究打手之法。可以查阅目前香港出版的太极泰斗吴图南讲授、马有清编著的《太极拳之研究——吴图南嫡传打手要法》一书。若能静下心来，专心研究，必有所得。

问：什么人适合练杨式小架太极拳？

答：杨式小架，架高步活、拳势紧凑、发劲脆快、速度快、难度大，所以对有武术根底、反应敏捷、可塑性强的人比较适合。由于用架每势之技击含义强、运动量大（共200多个动作需在1分钟40秒内完成），而且，每招（着）每势要求甚严，练起拳来要求钩挂弹抖、粘离凌空、意劲玲珑剔透、全身透空、通体贯串、丝毫无间、全神笼罩、气势磅礴等，所以有较好的腰、腿功夫的年轻人从学为佳。

问：中老年人如何练习杨式小架太极拳？

答：太极拳在新中国成立后一般作为中老年人养身保健之用，因此在中老年人群中爱好者居多。他们多从国编简化太极拳24式入手，用88式太极拳作为提高。另外有些人则练习各式竞赛套路并参加各级赛事。

其中，有一部分中老年朋友，练功时间长了，想深入了解太极拳的内涵，想品尝一下太极拳的技击功夫，所以想涉猎杨式小架拳。

还有一部分中老年朋友，是杨式太极拳的爱好者，花了多年时间学练了杨式大架太极拳，并系统地练习了器械，也想学学杨式小架拳以配套成龙。

基于以上情况，我认为，如果你只想涉猎一下杨式小架拳，或想品尝杨式小架拳的滋味，那就大可不必按前面所讲的路子来学，可直接照书或请人传授。

但是，在学练过程中，一定要注意以下几点：

(1) 要放慢学习速度，慢慢练习。因杨式小架拳速度快、难度大，尤其是对腰、腿功夫要求高，所以中老年朋友练习时不要心急，要慢慢来学。每次学习几个动作，日积月累，就可以学完了。

(2) 采取分段练习法。杨式小架太极拳共74式名称、200多个动作。拳分三个自然段，可以按照其自然段，一个自然段一个自然段地来练。每学会一个自然段后，便可专练这一自然段，把它的拳味、风格练出来后再往下进行。待整套拳架学练完后，可以放慢速度来练，即不一定要在1分40秒内完成。可以根据自己的功力，练习时以气不上喘为度，逐渐加快，整套拳可在3~5分钟内完成。

（3）根据自己的体能来练。学练杨式小架太极拳的爱好者，即使年龄段相同，但每个人的身体素质也不尽相同。一定要根据自己的体质逐步地练习，不要攀比。每位同仁的武功基础不一样，应在原有的基础上不断地提高。

总之，太极拳爱好者欲深入了解杨式小架太极拳，可从练定势入手，继练连势，再练小架。在练的过程中，可与单式练习结合起来，仔细体会其劲路，从松入手把功融于招法之中。整套动作完成之后，再把它练顺，使之无一处不轻灵、无一处不坚韧、无一处不沉着、无一处不顺遂，若练至此，即告成功。

原载《太极杂志》2005年第4期

德艺风范泽后人

——忆在恩师董世祚先生身边学拳的日子

回想起五十六年前，在董老（世祚）门下学拳的日子，仿佛就在眼前。

我是由堂叔介绍去董老那里学拳的，当时董老看我年龄小，不教我拳，仅让练习站桩，一站就是三个月。当时，我什么也不懂，老师讲如何练就如何练。

经过三个月后，接下来，学习太极拳的基本功单姿势。所谓单姿势，就是一个桩功在原地反复练习。实质上，是劲功与桩功相结合的练习法，也可以称劲功或活桩功。主要练习腰、胯、腿，锻炼人体中、下部的力量。也是练太极拳最重要的基本功之一。

经过一段时期的练习后，方开始授拳。董老教拳与一般教法不同。他三天给我讲一式或者五天上一式。他讲的每一式，你回去练，认为练好了，他看了满意了，再给你讲下一式。如果，你一式未达到要求，一直等你练好后再往下讲。这样一套拳整整讲了一年半，也练了一年半方结束。看着学的慢，实质上是快。等拳学完了，基本上也定架了，无需反复地改正。

董老给我讲的拳架与现在社会上流行的杨式太极拳拳架不同。它是一套大开、大合，拳架走起来，以腰胯为主，每式可连，也可停。它的拳式程序与社会上流传的85式传统杨式拳相同。如果按每式2～3个呼吸法来练习，那么这套拳就相当于85式传统杨式拳的桩功了。可知其功力之大小。演练此拳，一定要到位，每个动作、每个方位均要清楚，走起拳架来一定要方方正正的，后来我们俗称它为"方架"。练太极拳者均知,练拳时要先求方、后求圆,然后再方圆相生。

练了若干年之后,方知董老教我的这套拳是杨式传统练功架,也称"大功力架"。一般是不传给外面的,仅在杨家入门弟子内传授,在杨家弟子内若年龄比较大一些的,一般传授"养生架"。

练功架,也称谓八五式,八五式是指八法及五步,拳谱为八十一式。它的由来是九九八十一式,也有九九归一之意。

现在,回忆起来,董老教我练习太极拳的程序是科学的。因为,我学拳年龄小,不易定心,因此要我站桩,站桩是武术的入门功夫。一切武术均是由桩功开始。桩站好了,心也静了。开始练习劲功及势功(即单姿势),到有了劲力,脚下也有根了。然后才开始习拳架。拳论云"先开展,后紧凑"。因此教我一套大开大合、对称拉长的"练功架",使全身放长。然后再圈起来走85式传统杨式拳。我们俗称练功架为方架,85式传统杨式拳为圆架,因为它一切要按规矩走圆。也正如人们所说,打拳如写字,先写正楷后再练行书。

练了几十年的太极拳,有一点体会,想练好太极拳,一定要从筑基功夫练起,基本功练好了,再认真按规矩练拳,今后的一切就好办了。如果不打好基础,想一下子把太极拳练好,也不是一件易事。

2010 年 3 月

深深怀念的岁月

——纪念吴式太极拳名家刘汉三先生诞辰110周年

一提起刘汉三先生,在上世纪70年代初,哈市晨练的太极拳爱好者们,对他不会太陌生。

刘汉三(字作傑)先生是天津人,吴式太极拳名家。上世纪70年代初的一个夏天,由哈市吴式太极拳名家王历生先生的大弟子老孔,从天津邀请他来哈尔滨渡假的。居住在南岗区革新街原电厂的家属宿舍。当时,由老孔的师弟哈尔滨亚麻厂的王金成师傅前

刘汉三先生(1973年摄于哈尔滨儿童公园)

来告知，说他师兄老孔，从天津请来一位太极高人，此人拳打得好，手推得好，太极功夫好，希望我们能去拜访他。当时，我岳父梁孝义住在南岗区光芒街86号，是一套俄罗斯风格的大院。院内有一个四百平米的后花园，我们在这里开辟了一个拳场，早晚在院内练功。当时，在一起练功的有我、我岳父、好友关铁铭及刘少伟等拳友，亚麻厂王金成师傅也经常来玩。

　　为了慎重起见，我们考虑再三，最后，决定请现哈市吴式太极拳名家战波先生及吴式太极拳研究者关铁铭先生两位代我们前去拜望刘汉三先生。

　　战波先生和关铁铭先生拜访回来说，刘汉三先生确有真功，决定请先生出山。不日我岳父梁孝义设家宴，款待刘汉三先生，并请战波、关铁铭、王金成等几位特邀拳友伴同。我是在这次聚会上认识刘汉三先生的。

刘汉三先生太极拳拳势照（1973年摄于哈尔滨儿童公园）

先生时年73岁，身高1米80，身材魁梧，体态匀称，康泰，目光有神，神气从内向外透出，精神状态极佳。一打眼，就给人感到是一位得道高人。从他的言谈举止，根本看不出是一个70多岁的长者。整个下午在谈论太极拳及内功中度过。大家谈兴很浓，最后商定，替先生在南岗儿童公园及道里江畔各开一个班。

先生单日在儿童公园授拳，双日去道里讲学。除此之外，还在我岳父处单独为我岳父讲拳，每天还抽出时间来给关铁铭讲解拳法。凡是刘先生在外开拳或回来后同我岳父及关铁铭讲拳，我均一一伴同。

先生拳讲得好，比喻生动。手、眼、身、法、步，处处交代清楚，精神、气、力、功，讲得句句深透。尤其是，对内家拳法的特点、注意事项，逐一交代。听他的课，收获倍增。

在我练拳的生涯中，刘先生对我的影响是深远的。在他的身上，不但学到了拳技，而且懂得了什么是真正的吴式拳，并知道了吴式拳与杨式拳的区别。

先生从天津来哈一共四次。我们相邀了三次，最后一次，也就是第四次来哈，听我岳父说，是道外冯大爷请的，很遗憾我没有见到，当时我岳父前去拜望过。其时先生已经80多岁高龄了。我们相邀三次中，第一次讲拳，第二次改拳、批拳，第三次讲推手。先生第一次来哈是1973年，时年73岁。按此推去，先生生于1900年，于1994年仙逝，享年94岁。今年2010年，恰好是先生诞辰110年。

为了纪念先生诞辰110年，我打开了先生当年讲课的笔记及先生离哈时留下的拳诀，阅后感触颇多，深有启示。

借此之际，我把这位太极老人留下的他一生对太极拳的理解，公示于众，希望太极拳爱好者看后有所启迪。我想，也许这是对他老人家最好的纪念。

先生练的是吴式太极拳，他告诉我，他的拳是跟吴鉴泉先生晚年一个学生学的。学后加上他自己的体悟，加上陈式太极拳的小圈（他在北京时，是陈发科的邻居，常看陈发科先生练拳），形成了他自己独到的风格。

现把刘老留下的太极拳论三篇，叙述如下。

一、谈练拳

太极为道家之功，因先练气后练拳。拳为气之行。劲由内发出于外。中气要养，发劲如油锅点水之势。柔术以陶养性情。发劲时，力求刚强。劲为弹、韧相乘。陈氏拳为缠丝劲，杨氏拳抽丝劲法，吴家拳为杨式大小相凑。勿在湿处练拳，看拳要看过渡，弯角处要了解小动作，转关处要折叠。要多盘架子，要点、要批，要讲结构。要下工夫练拳，后推手。练拳下身往上时，头顶悬不能丢，要含胸。

刘汉三先生拳势照（1973年摄于哈尔滨儿童公园）

练拳要由内往外，后从外往里。视野往前行，后走动作，外圆内方，意念方、外面圆。虚实变换要清楚。走架时，手前去为松，到顶点"呼"为发劲。手回来要想"轻"字为化劲。走架时须圆裆。

二、吴氏架要点

走架轻灵、活泼、圆活。虚实清楚。每个动作阶段要清晰，转换、折叠明显。

劲点，即连接点明确。腰劲，即腰动清楚。全架均贯穿矛盾劲，即对抗劲，可谓六面劲：

（1）上肢，手—肩对掌劲。

（2）双腿的前腿搬膝，后腿的蹬劲。

（3）虚领顶劲与松腰坐胯劲。

（4）前膝外旋劲，足内收劲。

（5）脚步变换灵活，配合手的劲点。

（6）转换注意虚实很重要。

全架体会到：体用兼顾，对身体有益。

盘架时，精神轻松，愉快，旁观者亦认为美观、活泼。

三、论太极

基本构思：

任何拳术中，武功技击法中独一无二的，是老庄哲学在拳术中的体现。用于政治上，是清静无为的黄老之术。用于民拳上，是以柔制刚的太极拳。道理一样，以自然柔劲、软、沉着、安静为主旨。基本要点是保持自己的重心，设法破坏对方的平衡，破坏对手的平衡却并不主动出击。

闪是利用对方出击时，必然产生的主平衡，加上一点推力、助力加深他的不平衡。

（1）讲以静制动，四两拨千斤，力气的来源在于对手，我是转移对方力气的方向，使他失败。（作用点的变换）

（2）我方始终保持重心平衡，他不来打我，就不会失败，应不主动攻击对方。

（3）事物永远在变动之中，永不停顿，弧形的弧线比直线能负担更大的力量，速度不是最重要的。要旨是永远保持平衡和稳定。

（4）推手重要的是凭敏锐的感觉来捉接对方手力、道中的错误及缺失。重要的是自己没有错误。对方败不败，没有多大的关系，对方如不好自为之，迟早必败。

（5）道家哲学并非纯是守势。

后记

后阅吴公藻编《太极拳讲义》一书中金庸所做书跋，发现其数处文字语句暗合，概为当年刘先生读此书后笔记及心得？

2010 年 6 月

挥之不去的情结

——吴图南先生弟子张宇在哈尔滨传拳记及缅怀马有清先生

前些天,一弟子告诉我,吴图南先生的嫡传弟子马有清先生于七月三日凌晨二时许,在北京协和医院谢世了。享年84岁。得知这一噩耗,我十分震惊和悲恸。这些日子,心里非常难过。因为:吴图南先生一生只有两位入室弟子,一位就是马有清先生,另一位是新加坡的沈保和先生。马有清先生的辞世,意味着当今德艺双馨、练打俱佳的太极拳名家又少了一位。

吴图南先生晚年,在文革那样一个动荡的年代里,还亲自传授了两位少年,一位是李琏,一位是张宇。一教就是20年。由于种种原因,吴图南先生谢世后,刘桂贞(吴图南先生夫人)命李琏拜马有清先生为师,尊称吴图南先生为师爷。张宇是北京知青,当时响应祖国的号召,到内蒙古插队落户。上世纪70年代初,当时国家推荐一批工农兵学员到大学去学习,张宇被推荐到哈尔滨的黑龙江中医学院上学。我有幸在哈市结识了他。当时,在儿童公园(北京站)认识时,他拿出了吴图南先生写给他的亲笔信,信的台头,吴图南先生称他为"张宇 生",信的最后落款是"师吴图南"。我们相互切磋了拳艺,并成为挚友。

说来也巧,第二年我公出去四川,路经北京,带着张宇的信拜访了李琏先生,并由李琏的引见,拜见了吴图南先生。当时图南先生在北京天文馆授拳。先生时年90岁,很健谈,精神矍铄,高高的个子,带着一副黑色水晶茶镜,苍髯随风飘摆,一身宽大的中式蓝布裤褂,足下一双千层底布鞋,悬顶立腰地站在那里,

王培昌（左二）与关铁铭、刘少伟、张永好于1972年向张宇（右二）学习吴图南式太极拳及杨式小架

一派仙风道骨。根本看不出是一位90岁的长者。这是我首次见到先生并向他求教。然后几天，我每天去天文馆，看先生授拳，并求教先生，每每提出拳法、拳理及太极技击方面的问题，先生都是捋着银髯，有条不紊地、循序渐进地一一讲解，令我茅塞顿开。五天后，我拜别了吴图南先生，便进川了。

从四川回来，就开始跟张宇系统地学习吴图南的太极拳了。

吴图南先生传授的太极拳，与外界练的太极拳有所不同。先生的拳有定势及连势两种练法。首先练时，应练定势。定势是把拳架作为桩功，一个、一个地练，每个动作不但要求姿势准确，中规中矩，而且动作到位后，姿势不变，停顿一至六个呼吸，犹如站桩，等整套练完了，练熟了再串起来，作为连势来练。经云："先求开展，后求紧凑。"吴图南先生说过："定势是吴家练习太极拳基本的功架,其目的在于加强对自身毅力、体质的修炼,使太极拳内功得到不断的增长。连势,连势者,进退抽添,势势相连;开合虚实,变化不断,拳势应如行云流水,连绵不断,韵趣自然,故为连势。"吴老曾说过:"要把太极拳练好,除了有真传外,你必须有万夫不当的勇气、不屈不挠的毅力和本性难移的精力,否则将功亏一篑。"又说:"而其要,则在乎练,绝无其它捷径可走,不像登泰山,可以坐缆车登上山顶达到南天门,这得一步一步,寸步难行拾级而上。"所以吴老的拳,一套分两种练法,这是要花费一定的工夫的,否则,你是练不好拳的。

之后,学习吴式太极剑(乾坤剑)、太极刀(内家拳太极功玄玄刀),以及吴式推手,最后向张宇学习了吴图南先生的绝响杨式小架太极拳(此拳也称杨少侯太极拳用架),此拳弥为珍贵。此后,黑龙江省中医学院从东香坊移回安乐街的现地址,张宇住校,我每天清晨到中医学院同张宇一同练拳,切磋拳艺,历时一年整。张宇毕业后,被分配到佳木斯医学院工作,后考上北京中医研究院研究生班学习。毕业后分配到北京中医研究院西苑医院,我曾去北京看望过他,后有两次进京向吴图南先生求教。

时间过得飞快。一转眼,这些是整四十年前的事了。在这四十年里我一直留意及关心着吴图南先生留下的这一支纯正的杨、吴太极拳术。

吴图南先生1989年离我们远去了。之后由吴图南的嫡传弟子马有清先生在香港负责传播吴图南先生留下的拳艺。为了保住其纯洁性,吴图南先生留下的这一支,很少参加各种大型比赛及表演活动。一直低调地在传播着。

1984年7月由香港商务印书馆(香港)有限公司出版发行了由太极泰斗吴图南口授、马有清编著的《太极拳之研究》第一集。该书汇集了太极拳研究及养生、打手的丰富极具价值的珍贵史料,

传统杨氏85式太极拳拳谱

王培昌杨式小架太极拳拳势照（2009年摄于哈尔滨文庙）

并首次公开了濒于失传的杨少侯的太极拳快架。2004年以后马有清先生又相继出版了《太极拳之研究——吴图南太极功》《太极拳之研究——吴图南嫡传打手要法》《太极拳之研究——太极拳用架（快拳详解）》《太极拳之研究·行功（慢架）》《太极拳之研究·太极功玄玄刀》《太极拳之研究·太极剑》等一系列著作，把吴图南先生一生对太极拳的研究公布于世。

李琏先生，跟随吴图南先生二十余年，尽得所学。我曾在上世纪70年代初与李琏先生有一面之交，虽见面几日，但如今还历历在目。近年来李琏先生在治病救人之余，还弘扬吴图南先生之拳艺，出版吴图南先生传授《杨少侯太极拳用架真诠》及《太极拳练架真诠》二书，拜读后，获益匪浅。

张宇先生，我于上世纪80年代初去京看望，至今也有快近30年了。过后听说，他东渡扶桑去了，不知何日回归。

沈宝和先生，身在新加坡。吴图南先生一生教人无数，但得其真传者位数不多。虽马有清先生和李琏先生把吴图南先生的拳艺成书，广为流传于世，但太极拳正如吴先生所说是口授之学也。

很是遗憾，吴图南先生拳学的当家人马有清先生走了。据我所知，国内学得最完整，最能体验吴图南拳学思想及拳艺者，仅李琏先生了。

我习拳至今快六十年了，在这六十年的习拳生涯中，吴图南先生是我最敬重的导师之一，他的拳学思想及拳艺也是我最敬佩、推崇的。先生走了，离我们远去了，他的嫡传弟子马有清先生也走了。我深深地为此悲痛。谁来担起这副重担呢？我想在国内只有李琏先生了。我深信不疑。李琏先生一定会把先生的学术思想及拳艺，毫无保留、广泛地传播下去，这就是传承。我们需要这样的传承。

作为学到凤毛麟角的我，我想，我也有一份责任（尽我所能），把吴图南先生的拳艺传下去。这么好的拳，这么好的功夫不多了。

得知马有清先生不幸离世,悲痛与惋惜之余,心里像打翻了五味醋似地,不知什么滋味。我与吴图南先生这一支有缘,写下这段文字谨表缅怀之情。

2012 年 8 月

图书在版编目(CIP)数据

传统杨氏85式太极拳拳谱/王培昌著.-北京：人民体育出版社，2016
ISBN 978-7-5009-4891-9

Ⅰ.①传… Ⅱ.①王… Ⅲ.①太极拳-图谱 Ⅳ.①G852.11-64

中国版本图书馆CIP数据核字(2015)第282886号

*

人民体育出版社出版发行
三河兴达印务有限公司印刷
新 华 书 店 经 销

*

880×1230 32开本 4.5印张 100千字
2016年7月第1版 2016年7月第1次印刷
印数：1—5,000册

*

ISBN 978-7-5009-4891-9
定价：26.00元

社址：北京市东城区体育馆路8号（天坛公园东门）
电话：67151482（发行部） 邮编：100061
传真：67151483 邮购：67118491
网址：www.sportspublish.com

（购买本社图书，如遇有缺损页可与邮购部联系）